Wilfried Hammacher
Einführung in Rudolf Steiners Mysteriendramen
II

Wilfried Hammacher

Einführung in Rudolf Steiners Mysteriendramen

DIE PRÜFUNG DER SEELE

PHILOSOPHISCH-ANTHROPOSOPHISCHER
VERLAG AM GOETHEANUM

*Einführung in Rudolf Steiners Mysteriendramen**

Bd. I: Die Pforte der Einweihung
Bd. III: Die Hüter der Schwelle
Bd. IV: Der Seelen Erwachen

*im Philosophisch-Anthroposophischen Verlag am Goetheanum, Dornach 1984

Einbandgestaltung unter Verwendung einer Zeichnung und der Fotosatzschrift von Walther Roggenkamp

Gesamtherstellung Zobrist & Hof AG, CH-4410 Liestal
ISBN 3-7235-0365-9

Inhalt

Vorwort zur zweiten Auflage

Diese einführenden Betrachtungen haben im Zusammenhang mit den Aufführungen der Mysteriendramen durch die Novalis-Bühne seit 1979 so viel Interesse gefunden, daß die erste Auflage nun vergriffen ist. Es hat sich gezeigt, daß sie dem eine Hilfe sein durften, der sich in die Mysteriendramatik Rudolf Steiners einzuleben sucht. Es sei deshalb dem Philosophisch-Anthroposophischen Verlag herzlich gedankt für die Neuausgabe.

Insbesondere möchte ich Hans-Jürgen Heitmann und Inge Scholter dafür danken, daß sie durch ihre Korrekturen mithalfen, den Stil vom gesprochenen ins geschriebene Wort umzusetzen.

Stuttgart, Michaeli 1983

Wilfried Hammacher

Vorwort zur ersten Auflage

Es ist in diesen Autoreferaten von Vorträgen der Versuch unternommen worden, nichts in den Dramen zu «erklären» oder zu deuten oder aus anderen anthroposophischen Schriften Rudolf Steiners zu beleuchten. Ich habe mich lediglich bemüht, die Zusammenhänge in sich selbst klarer zu machen, um so in das innere Leben der Dramen immer tiefer eintauchen zu können. Ich folgte darin der oft wiederkehrenden Bemerkung Rudolf Steiners, daß man nichts *hinter* den Dramen zu suchen habe, daß alles in ihnen selbst und ihrer dichterischen Kraft zu finden sei. Meine Erfahrung ist, daß der, welcher sich in das *Ganze* des Werkes hineinarbeitet, jedes einzelne Motiv miterleben kann. Kurz, ich bemühte mich, die Sphäre der Kunst im Durchdringen der Dramen niemals zu verlassen. – Ich empfand deshalb eine große Freude, als ich eines Tages, nachdem ich diese Vorträge abgeschlossen hatte, in einführenden Worten zu einer Eurythmie-Vorstellung vom 26.8.1921 die folgende Bemerkung Rudolf Steiners fand: «Ich darf vielleicht, ohne unbescheiden sein zu wollen, sagen, daß jede Einzelheit dieser Dramen unmittelbar in ihrer vollen Räumlichkeit und Zeitlichkeit anschaulich vor meiner Seele stand. Die tun diesen Dramen Unrecht, die sie symbolisierend in abstrakte Begriffe auflösen. Ich hatte nie solche abstrakte Begriffe in der Seele. Ich sah nur die Personen, hörte ihre Worte, nahm ihre Handlungen wahr. Für mich ist alles auf einer geistig geschauten Bühne bis auf die Szenerie fertig dagewesen.»

Stuttgart, im August 1979

Wilfried Hammacher

Das zweite Mysteriendrama in seiner Gesamtkomposition und das 1. Bild

Diese Einführung in Rudolf Steiners zweites Mysteriendrama «Die Prüfung der Seele» ist eine Fortsetzung derjenigen über «Die Pforte der Einweihung». Wie dort bereits versucht, soll auch hier vom Standpunkt des Schauspielers und der Regie aus das Bestreben gelten, das Drama unmittelbar aus sich selbst zu verstehen. Es werden keine Erläuterungen aus anderen geisteswissenschaftlichen Schriften Rudolf Steiners herbeigezogen werden. Ein Kunstwerk, insbesondere ein Drama, muß sich aus sich selbst heraus aufbauen. Es wurde bei der «Pforte der Einweihung» bereits gezeigt, daß für keinen einzigen Vers das Verständnis außerhalb des Dramas gesucht werden muß. Was not tut ist, das Einzelne wirklich aus dem Ganzen heraus zu verstehen.

Der Gegenstand der Exposition des ersten Dramas war das, was als neue Denkungsart bezeichnet wird: Gedanken, Ideen, die nicht Spiegelung der Welt, sondern schöpferische Keimkräfte sind. Der Gedanke wurde zu einem Wort der Kraft, zum Wesenswort der Weisheit, zum Schlüsselwort, welches die Pforte der Einweihung aufschloß. Aus Erkenntnis wurde Licht, und aus dem Licht wurde in der Verinnerlichung, in der Verwirklichung Liebe. Licht und Liebe sind die gestaltenden Kräfte des ersten Dramas. Der Aufbau vom Vorspiel bis zum 7. Bild spiegelt sich im Ablauf vom Zwischenspiel bis zum Sonnentempel. In fugenartiger Weise setzt das Drama zweimal an: Der Weg zum Licht wird – nach dem Gesetz der Metamorphose und der Spiegelung – zum Weg der Liebe. Man kann den Aufbau schematisch so skizzieren wie in Abb. 1 (siehe S. 12).

«Die Prüfung der Seele» besitzt den Untertitel: Szenisches Lebensbild als Nachspiel zur «Pforte der Einweihung» durch Rudolf Steiner. Als Lebensbild charakterisiert sich dieses zweite Drama, als Bild des Lebens. Was sich im Siegel der Titelseite ausspricht, wird verständlich werden, wenn das Drama als Ganzes aufgenommen worden ist.

Das Inhaltsverzeichnis der Szenenübersicht zeigt, daß das 1., 2., 3. und 4. Bild in Innenräumen, in Zimmern

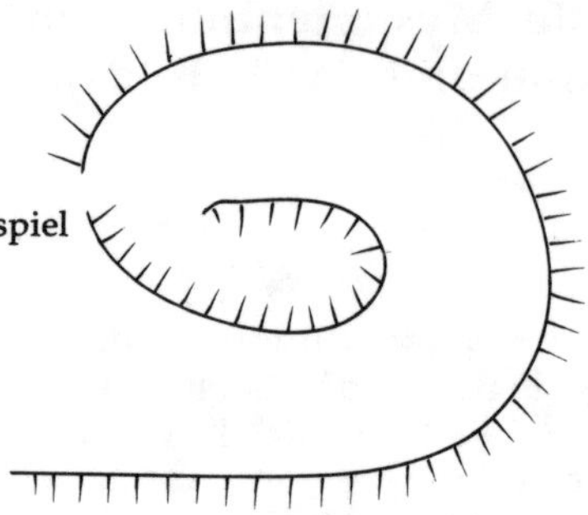

Abb. 1

spielen, ebenso das 11. und 12. Bild. Die sechs Bilder vom 5. bis zum 10. Bilde stehen sich in genauer Spiegelung gegenüber mit der Symmetrieachse zwischen dem 7. und 8. Bilde. Das letzte, 13. Bild, der Sonnentempel, steht für sich allein. In den sechs Zimmerszenen führt der dramatische Verlauf aus dem Normalbewußtsein in das geistige Bewußtsein hinein, beziehungsweise aus letzterem zu ersterem. In der Landschaft des 5. Bildes wird der Eintritt in die Rückschau auf das Lebensbild der Vergangenheit dramatisiert, im 10. Bild der Austritt zurück in das gegenwärtige Leben. Die vier Bilder auf einer Waldwiese und in der Burg sind Inhalt der Rückschau auf das vergangene Leben. In jedem dieser Bilder der Rückschau spielen sich drei Szenen ab, mit Ausnahme des letzten Bildes, in welchem vier Szenen abgehandelt werden. Damit fällt die Symmetrieachse nicht zwischen die beiden Bilder der Burg, das 7. und 8. Bild, sondern mitten in den ersten szenischen Vorgang des 8. Bildes hinein. In dieser Szene wird aber abgehandelt das Erkennen der Schicksalsschuld. Die sechs Bilder 5 bis 10 führen somit in die Untergründe der Seele, unter die Schwelle des Bewußtseins. Im Sonnentempel wird das gesamte Geschehen des Dramas überschaut, überwölbt und gerade in bezug auf die Schicksalsschuld erkenntnismäßig durchdrungen. Aus dieser Erkenntnis ergeben sich die Ziele, Pflichten und Impulse für die Weiterentwicklung nach der Zukunft hin.

Die vier ersten Bilder erscheinen wie vier Expositionen, in denen die seelische Situation der vier Hauptcharaktere dargestellt wird. Es zeigt sich aber, daß diese vier Bilder ineinander verwoben sind. Es gehen gleichsam karmische

Intervalle vom einen zum andern. Und aus diesen intervallischen Kräften ergibt sich auch die Gestaltung der Szenen selbst. – Man könnte also die Gesamtkomposition der «Prüfung der Seele» folgendermaßen aufzeichnen:

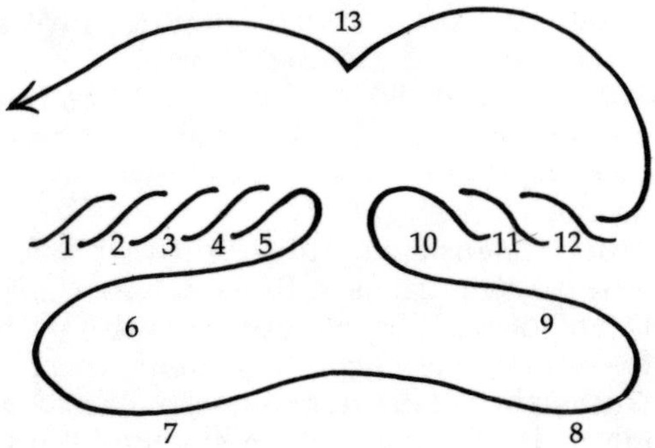

Abb. 2

Das Personenregister des zweiten Dramas zeigt eine gewisse Umstellung in der Reihenfolge der aufgeführten Personen gegenüber dem ersten Drama. An erster Stelle steht Professor Capesius, die Hauptgestalt der «Prüfung der Seele». Ein besonderes Charakteristikum dieses Personenverzeichnisses ist die Aufführung einer Reihe von Charakteren, die als vorige Inkarnationen der schon bekannten Personen auftreten. Der Gedanke der Reinkarnation, der im 7. Bilde des ersten Dramas zunächst nur in der Sphäre des Wortes, des Bildes auftritt, wird hier voll durchdramatisiert. Am Schluß des Personenregisters findet sich eine kurze Erläuterung der Szenen, welche die Rückschau auf ein vergangenes Leben darstellen. Es wird dort auf Zusammenhänge hingewiesen, die für den aufmerksamen Zuschauer, aber auch aus dem Drama selbst hervorgehen.

Das 1. Bild stellt in seiner Szenerie ein Bibliotheks- und Studierzimmer des Professors Capesius dar. Brauner Grundton. Abendstimmung. Eine Atmosphäre ist angedeutet, in welcher Wärme zum Ausdruck kommt, Gelehrsamkeit, etwas Altertümliches, eine gewisse materielle Dichte und Gediegenheit. Zeitlich bewegt sich die Szene aus der Abendstimmung in die Nacht hinein. Das äußere Licht vergeht und in der Nacht wird das innere Licht des Geistes gesucht.

Wir finden Capesius alleine an einem Tische sitzend, in einem Buche lesend:

«Ins Wesenlose blickend mit dem Seelenauge
Und in des Denkens Schattenbildern
Nach selbstgemachten Regeln träumend – :
So forschet oft des Menschen irrend Wesen
Nach Sinn und Ziel des Lebens.»

Von dem alten Denken ist die Rede, welches nur Spiegelbild, nur Schattenbild der Wirklichkeit ist. Die neue Denkungsart, welche Keim eines schöpferischen Lebens ist, bleibt darin noch verborgen.

«Aus Seelentiefen will es Antwort holen
Auf Fragen, die nach Weltenweiten zielen.
Doch solches Sinnen lebt im Wahne schon
Bei seinen allerersten Schritten
Und sieht zuletzt die Geistesblicke
Ohnmächtig sich nur selbst verzehren.»

Das ist die Stimmung, in der das Drama für Capesius beginnt: Die Ohnmacht, sich im Denken zu erkraften, sich verzehrend in der Schattenhaftigkeit und Nichtigkeit des wesenlosen Denkens. Capesius erkennt sich selbst in diesen Worten des Benedictus. Wie stark diese Worte der Selbsterkenntnis ihn treffen, drückt er folgendermaßen aus:

Und wenn ein Gott in dieser Stunde
Aus wilder Stürme Macht
Im Zorne sich mir nahen wollte,
Es könnten seine Schreckgewalten
Entsetzensvoller mich nicht quälen
Als dieser Schicksalsworte Kraft.

Mit mächtigen Worten schildert er die Wirkung auf seine Seele. Er braucht ein altertümliches Bild. Homer braucht eine solche Sprache, wenn er zum Beispiel vor Odysseus den Gott Poseidon im Sturme auftauchen läßt. Diese Gewalt haben die Worte des Benedictus für Capesius.

In einem langen Menschenleben
Hab' ich gewoben nur in Bildern,
Die schattenhaft sich zeichnen ...
Ich selbst – ich lebte nicht in meiner Seele,
Wenn wahnbetört in Weltenfernen
Des Denkens Fäden hin sich spannen wollten.

Capesius erkennt, daß sein Denken sich nach außen in die Nichtigkeit und Schattenhaftigkeit verloren hat, daß er aber auch sich selbst verloren hat und in diesem schattenhaften Denken niemals wirklich mit seinem Ich drinnen stand. Die

Finsternis des Nichts breitet sich nach außen und nach innen für ihn aus.

An Thomasius, dem jungen Maler aber hat er erkannt, daß aus dem Denken schöpferische Kräfte hervorgehen können. An diesem Menschen erwacht in Capesius etwas wie eine tiefverborgene Gewissensstimme. Und hiermit betreten wir den Boden des Karmas, das im Verlaufe des Dramas immer durchsichtiger werden wird. Capesius erfaßt fühlend, daß auch in seinen Seelentiefen ein Geistesschatz ruht, den verfallen zu lassen die größte Sünde des Lebens ist. Denn geistige Wesen haben diesen Geistesschatz in die Menschenseele eingesenkt, und wer ihn nicht hebt, der vernichtet Götterwerk. Diese Erkenntnis lebt ganz klar in seinem Bewußtsein. Wenn er jedoch versucht, die Gedanken nach dieser Richtung hin zu lenken, versagen sie. Ja, die Gedanken erweisen sich als völlig stumpf und ohnmächtig, um in das geistlebendige Denken des Benedictus auch nur eindringen zu können. Immer wieder spricht Capesius vom Wort des Benedictus. Die Kraft dieses Wortes ergreift ihn in seinen tiefsten Tiefen, ohne daß er die Gedanken desselben wirklich ins Licht seines Bewußtseins heben kann. – Er liest weiter im Buche des Benedictus:

«In deine Seelentiefen dringe ruhig;
Und Starkmut laß dir Führer sein.
Verliere frühern Denkens Formen,
Wenn du versinkst in dich,
Um dich zu dir zu führen.
Ertötend alles Eigenlicht,
Erscheint dir Geisteshelle.»

Es ist eigentümlich, daß diese Worte gar nicht größeren Scharfsinn von Capesius fordern, sondern Starkmut. Ja, es wird gesagt, das bisher gewohnte und geübte Denken zu verlassen, alles bisher erworbene Gedankenlicht aufzugeben, um geistiges Licht zu erfassen. Nun antwortet Capesius sehr merkwürdig, indem er nicht sagt, daß er diesen Sinn nicht verstehen kann, sondern er drückt sich viel elementarer aus:

Es ist, als ob der Atem mir versagen wollte,
Wenn ich erstrebe, solcher Rede Sinn zu fassen.
Und eh' ich fühle, was ich denken soll,
Ergreifen Angst und Schrecken meine Seele.

Die Worte wirken nicht in erster Linie auf sein Denken, sondern auf sein Gefühl. Es verschlägt ihm den Atem. Er denkt den Sinn der Rede nicht in erster Linie, sondern er fühlt ihn zunächst. Und auch das gelingt ihm nicht mehr, da Angst und Schrecken vorher seine Seele ergreifen. Sein ganzes bisheriges Leben stürzt unter dem Eindruck dieser Worte in sich zusammen. Capesius besitzt die Genialität und Fähigkeit, aus den Worten des Benedictus viel mehr zu entnehmen, als in deren bloßem Gedankeninhalt sichtbar wird. Und nun wiederholt er sich den eigentlichen Kern dieser Worte:

«In deinem Denken leben Weltgedanken,
In deinem Fühlen weben Weltenkräfte,
In deinem Willen wirken Weltenwesen.»

Nimmt man diese Zeilen einfach abstrakt, das heißt stumpfsinnig in seine Seele auf, dann geschieht nichts. Läßt man sie aber, wie Capesius, auf sein Gefühl wirken, so wird eigentlich etwas ganz Erschreckendes ausgesprochen. Denn man muß erleben, daß man in keinem Augenblicke, wo man sich Gedanken bildet, noch alleine gelassen ist. Ja, noch viel schlimmer, wenn die persönlichen Gefühle sprechen, so sind es nicht mehr persönliche Gefühle, sondern Weltenkräfte bewegen sich durch sie hindurch. Wo bleibe ich da noch mit meiner Seele selber? Und das Allerschlimmste ist, daß ich meinen Willen nicht mehr für mich alleine habe, sondern daß Weltenwesen durch diesen Willen wirken. Wenn das wirklich ins Gefühl aufgenommen wird, so treten tatsächlich Angst und Schrecken auf. Wie soll man sich selber noch bewahren können? Wo ist dann noch Einsamkeit möglich? Die folgenden Worte fordern nun direkt dazu auf, sich selber zu verlassen und sich dem Fremden hinzugeben.

«Verliere dich in Weltgedanken,
Erlebe dich durch Weltenkräfte,
Erschaffe dich aus Willenswesen.»

Es wird begreiflich, warum Benedictus an früherer Stelle sagt, daß Starkmut benötigt wird. Denn er fordert dazu auf, die eigenen bekannten Seelenräume zu verlassen, um zugleich in eine Richtung zu schreiten, die sich als Finsternis ausbreitet. Eine furchterregende Unsicherheit wird geradezu zum Ausgangspunkt dieses Weges gemacht. Der einzige Halt in dieser Situation kann tatsächlich nur Starkmut sein. Und nun folgen die rätselhaften Worte, die in Capesius eine neue Existenz aufreißen und entzünden.

«Bei Weltenfernen ende nicht
Durch Denkenstraumesspiel – – –;

Beginne in den Geistesweiten,
Und ende in den eignen Seelentiefen: –
Du findest Götterziele,
Erkennend dich in dir.»

Nun heißt es, daß Capesius ohnmächtig durch eine Vision in sich versinkt: Drei Gestalten, als Seelenkräfte, umschweben ihn. Die erste der Gestalten, Luna, spricht zu ihm in edlen, tröstenden, ermutigenden Worten. Sie ruft ihn auf, sich in das Unerkannte zu wagen, sich zu erkühnen.

Die Kraft, sie fehlt dir nicht
Zum edlen Geistesflug.
Sie ist gegründet
Im Menschenwollen.
Sie ist gehärtet
Von Hoffnungssicherheit.
Sie ist gestählet
Von Zukunftsferneblicken.
Der Mut nur fehlet dir,
Ins Wollen zu ergießen
Die Lebenszuversicht – – –.
Ins weite Unerkannte
Zu wagen nur, erkühne dich!

Ganz anders spricht die zweite Gestalt, Astrid, zu seiner Seele. Sie dringt nicht in das Innere seiner Seele ein, sondern sie öffnet den Blick seiner Seele für den Kosmos. Sie lenkt seine Blicke in die Weite. Und in den kosmischen Welten läßt sie ihn die Kräfte suchen, die in die Herzensgründe dringen, ihm Erkenntnis schenken werden.

Von Weltenfernen
Aus Sonnenfreudelicht –
Von Sternenweiten
Aus Weltenzaubermacht –,
Vom blauen Himmelsäther
Aus Geistes Höhenkraft –
Erstrebe Seelenmacht
Und lenke ihre Strahlen
In Herzensgründe,
Erwarmend wird Erkenntnis
Erzeugen sich in dir.

Die dritte Gestalt, die Andre Philia, widerspricht den Worten der beiden ersten Gestalten. Sie schreckt ihn zurück in die eigene Seele. Sie erhöht seine Furcht vor dem Eindringen in die geistige Welt. Sie sucht seinen neuentstehenden Zusammenhang mit dem Kosmos zu stören.

Sie täuschen dich,
Die bösen Schwestern;
Sie wollen dich umspinnen
Mit Lebensgaukelspiel.
Es wird zerfließen
Der Gaben eitler Trug,
Den sie dir reichen,
Wenn du mit Menschenkraft
Ihn halten willst.
Sie führen dich
Zu Götterwelten
Und werden dich zerstören,
Wenn du in ihrem Reich
Das Menschenwesen
Ertrotzen willst.

Die Gestalten verschwinden und Capesius kommt wieder zu sich. In tiefster Furcht sucht er sich über das Erlebnis aufzuklären. Er kann es sich aber nicht erklären. Und so bricht er in die Worte aus:

Bin ich denn noch,
Der ich vordem war?
O – ich bin – ich bin es nicht –

Das gesamte Ich-Bewußtsein ist wie in Ohnmacht gesunken. In unsäglicher Qual ringt er um dieses Ich-Bewußtsein. Da ertönt die Geistesstimme, das Geistgewissen:

Es steigen deine Gedanken
In Menschenwesens Tiefen.
Was als Seele dich umhüllt,
Was als Geist in dich gebannt,
Entschwebet in Weltengründe;
Von deren Fülle
Die Menschen trinkend
Im Denken leben;
Von deren Fülle
Die Menschen lebend
Im Scheine weben.

Was hatte Capesius früher gesagt? Daß sein Denken unfähig ist, den Gedanken des Benedictus zu folgen. Und doch erlebt er die Wortgewalt. Aber nicht im Denken. Und jetzt ruft ihm die Stimme des geistigen Gewissens zu:

Es steigen deine Gedanken
In Menschenwesens Tiefen.

Ein Denken bewegt sich in seiner Seele, das ihm in der gewohnten Weise überhaupt nicht mehr erfaßbar wird. Und doch bewegt sich dieses Denken in die tiefsten Tiefen seines Wesens hinab. Furchterregend im allerhöchsten Sinne müssen die Worte auf ihn wirken:

Was als Seele dich umhüllt,
Was als Geist in dich gebannt,
Entschwebet in Weltengründe;

Seine Seele verläßt ihn, sein Geist entflieht ihm. Weltengründe tun sich auf. Aus diesen Weltengründen hat er gesogen, was als Denken in ihm lebte. Aus diesen Weltengründen strömte, was als Sinneswelt ihn umgab.

Von deren Fülle
Die Menschen trinkend
Im Denken leben;
Von deren Fülle
Die Menschen lebend
Im Scheine weben.

Die Seelenkräfte haben seine Seele in die Weite des Kosmos hinausgeführt beziehungsweise den Fortgang nach dort gehemmt. Die Stimme des Gewissens umfaßt sein vergangenes und neuentstehendes gegenwärtiges Sein. Diese Gewissensstimme umschließt seine gesamte Existenz. Aus ihren Worten erhebt sich ein neuer Mensch, der doch auch der alte Mensch ist.

In allergrößter Verzweiflung ruft Capesius aus:

Zu viel ... zu viel – –
Wo ist Capesius?
Ich fleh' zu euch,
Ihr unbekannten Mächte,
Wo ist ... Capesius?
Wo bin ich selbst?

Capesius hat die geistige Welt gleichsam in panischem Schrecken betreten. Unüberschaubares Chaos breitet sich vor ihm aus. Realität ist nur die Erschütterung seiner Seele.

Nun tritt Benedictus ein, berührt den Von-sich-Gekommenen an der Schulter und schaut ihn mit ruhigem, mildem Blick an. Und dieser Blick bringt Capesius wieder zu sich selbst. Das zwischen beiden stattfindende Gespräch bringt Capesius nicht ein wirkliches Verständnis des Erlebten, aber er faßt Mut, er faßt Vertrauen, er findet die Kraft weiterzuschreiten. Und Benedictus deutet ihm diese Erkraftung seiner Seele:

Es wollen meine Worte nicht das allein nur sagen,
Was als Begriffeshüllen sie verraten;
Sie lenken Seelenwesenskräfte
Zu Geisteswirklichkeiten;
Ihr Sinn ist erst erreicht,
Wenn sie das Schauen lösen in den Seelen,
Die sich ergeben ihrer Kraft.

Das hat Capesius erfahren. Das Wort als Begriffeshülle war für ihn unzugänglich. Aber die Kraft der Worte hat er erlebt. In seiner Persönlichkeit lebt eine ganz besondere Fähigkeit, gerade die Kraft der geistigen Worte aufzunehmen und zu durchleben. Nachdem Benedictus ihn wieder verlassen hat, spricht er die Worte:

Zwar kann ich seiner Worte Sinn nicht deuten,
Doch fühl' ich sie in meinem Wesen wirken ...
Ich kenne seiner Sendung Wesen nicht;
Vertrauen doch erzwingt sein Tun;
Er hat mich wieder zu mir selbst gebracht.

Das ist das Erlebnis, das Capesius Vertrauen zu Benedictus gibt. Wie eine Sonne ist Benedictus aufgegangen für ihn und hat ihm sein Ich-Bewußtsein wiedergegeben.

Der Seelenweg des Capesius im 1. Bilde begann innerhalb des Tagesbewußtseins. Dann öffnete sich durch die Seelenkräfte der kosmische Umkreis. Die Stimme des Gewissens führte in die Tiefen der eigenen Existenz. Im Gespräch mit Benedictus findet sich Capesius im neuen Sinne in das Tagesbewußtsein zurück. Von der Worteskraft geführt, sehen wir die Seelensonne des Ich-Bewußtseins untergehen, in die Mitternachtstiefen der Seele versinkend, und wieder sich erheben in das Tagesbewußtsein. Lebenswege der Seelensonne eröffnet das 1. Bild. Und die Wege, die sie geht, finden wir in den Wegen des ganzen Dramas wieder. Im Einzelnen findet sich das Ganze. Während sich die beiden Wege des Lichtes und der Liebe in der «Pforte der Einweihung» wie in innerer Spiegelung offenbaren, zeigen sich in der «Prüfung der Seele» Seelenprozesse im Auf- und Niedersteigen, im Pulsieren, wie eine Sonne durch Tag und Nächte wandelnd, Lebensbilder hervorzaubernd.

Die Schicksalsfrage bei Maria, Johannes und Strader im 2., 3. und 4. Bild

Wir haben im Ablauf des 1. Bildes gesehen, wie das Tages-Ich-Bewußtsein des Capesius durch die Kraft der Worte des Benedictus an den Punkt geführt wird, wo die Seelenkräfte dieses Ich-Bewußtsein in den kosmischen Umkreis hinausgeleiten und zugleich dieses Hinausstreben hemmen. Der dritte Schritt geschieht durch die Geistesstimme des Gewissens, durch welche sich das Ich-Bewußtsein des Capesius wie zu einer neuen Existenz versammelt, sich aus den Weltengründen heraus zusammenschließend. Eine vierte Stufe wurde erreicht im Gespräch mit Benedictus, das alle drei Prozesse umfaßt und Capesius sich selbst zurückgibt. Es wird dabei aber auch klar, daß dieses erste geistige Erlebnis für Capesius chaotisch, gespenstisch bleibt. Die Erschütterung seiner Seele reicht viel weiter als das wirklich konkrete Ergebnis in seinem Bewußtsein. – Wir haben dann gesehen, daß der Weg der ersten Szene auch der Weg des ganzen Dramas ist.

Das 2. Bild spielt in einem Meditationszimmer in violettem Grundton. Ernste, doch nicht düstere Stimmung, wird dazu bemerkt. Wir finden Maria im Gespräch mit Benedictus. Sie spricht:

> Es drängen schwere Seelenkämpfe mich,
> In dieser Stunde meines Führers weisen Rat zu hören.
> Es steiget finstre Ahnung mir im Herzen auf,
> Und unvermögend bin ich,
> Zu widersetzen mich Gedanken,
> Die immer wieder mich bestürmen.

Maria spricht nun über ihre Schicksalsverbundenheit mit Johannes, wie Götterwille diesen Bund geweiht hat durch den gemeinsamen Eintritt in die geistige Welt. Das lebt in ihrem Bewußtsein mit aller Klarheit, mit aller ethischen Kraft, deren sie fähig ist. Es lebt in ihr als Verantwortungsbewußtsein im höchsten Sinne. Aus den Tiefen ihrer Seele aber erhebt sich immer wieder eine Stimme, die von ihr verlangt, Johannes von sich zu trennen. Johannes müsse, so spricht die Stimme, seinen Geistesweg alleine gehen, wenn nicht Unheil entstehen solle. Mit unüberwindlicher Gewalt spricht diese Gewissensstimme. Sie steht in ihr auf wie ein zweiter Mensch, mit dem sie im Kampf liegt. Denn sie ist im Widerspruch mit der höchsten Erkenntnis, die sie sich errungen hat. Und so kann sie diese Stimme nur für Wahn halten. Als Benedictus ihr die Wahrheit der Stimme bestätigt, weist sie dies weit von sich. Sie glaubt auch aus seinem Munde nur Wahn zu vernehmen. Auch als Benedictus ihr zum zweiten Male bestätigt, daß diese Stimme ihr die Wahrheit sage, kann sie nur Wahn erleben. Ja, sie kann sich nur retten, indem sie selber weiter spricht und so wie kämpfend ihr Erkenntnisbewußtsein gegen diese Stimme aus den Seelentiefen aufrechterhält. Benedictus bestätigt ihr die Weihe des Schicksalsbundes mit Johannes, aber er macht ihr klar:

Du hast erst einen Teil der Wirklichkeit
Im Reich des Höhenlichtes schauen können,
Als dir vor deine Seelenaugen trat
Ein Bild des Geisterlandes.
Noch ist das Bild nicht volle Wirklichkeit.
Johannes' Seele und die deine
Verbinden Erdenbande solcher Art,
Daß einer jeden kann beschieden sein,
Den Weg ins Geistgebiet zu finden
Durch Kräfte, welche sie der andern dankt.
Jedoch hat nichts bis jetzt geoffenbart,
Ob ihr genügt habt jeder Forderung.
Ihr habt im Bilde schauen dürfen,
Was in der Zukunft euch beschieden ist,
Wenn ihr die volle Prüfung könnt bestehen.
Daß euch des Strebens Früchte sind gezeigt,
Beweist euch nicht, daß ihr
Des Strebens Ende habt erreicht.
Ihr habt ein *Bild* erblickt – –,
Doch euer Wille kann allein
Das Bild in Wirklichkeit verwandeln.

Was also als Erkenntnis in Maria lebt, ist ein Ideal, ist ein Bild der fernen Zukunft. Es ist nichts, was schon Besitz ist. Und jetzt kann Maria einsehen, was Benedictus sagt. Sie spricht:

Zwar treffen deine Worte mich
Wie schwerster Schmerz nach langem Glückempfinden;

Doch hab' ich wohl gelernt,
Dem Licht der Weisheit mich zu beugen,
Wenn sie durch innre Kraft sich wirksam zeigt.
Und schon beginnt in Klarheit sich zu wandeln,
Was dunkel meinem Herzen war bis jetzt.

Eine ungeheure Wendung findet in Maria statt. Es ist eine Wendung von höchstgespannter Dramatik, aber ganz ins Innere gewendet, ganz vom Ich aufgefangen. Und eigentümlich ist die Bemerkung, daß sie dem Licht der Weisheit sich dann zu beugen vermag, wenn die Weisheit durch innere Kraft wirksam wird. Das ist hier der Fall. Das Gespräch ist nicht ein Gedankenaustausch im alten Sinne, es ist ein Gegeneinanderstürmen von Seelengewalten. Maria hat in Gedanken wohl erfaßt, was als Notwendigkeit ihr auferlegt ist. Aber das Erlebnis des vergangenen Erdenlebens ist gewichtiger; diese Tatsache überdeckt noch die Einsicht in den Gedanken. Darum verlangt sie nach noch mehr Aufklärung. Benedictus fordert sie auf, nicht stehenzubleiben bei der Erkenntnis dieses einen Erdenlebens.

Doch sollst du nicht vergessen
Zu forschen, ob du auch Gewißheit hast,
Daß keiner deiner Lebenspfade sich verbirgt,
Wenn du das Geistesauge rückwärts wendest.

Er sagt ihr, daß es nur ein Vorurteil ist, das sich auf die Erkenntnis des *einen* Erdenlebens gründet. Es ist ein vorschneller Schluß, eine unvollkommene Erkenntnis. Wer kann denn wissen, ob in einem andern Erdenleben *nicht* so Segensreiches zwischen Johannes und ihr sich gebildet hat? Diese Bemerkung wirkt wie ein Donnerschlag auf Maria. Die Möglichkeit einer solchen Tatsache übersehen zu haben, trifft sie tief in ihrem Gewissen. Sie betrachtet ihr vorschnelles Urteil als Wissenseitelkeit, als Übermut, als Selbstbespiegelung. Sie nimmt sich vor, niemals mehr vorschnell das Wissen über das Geisterland als bloß inhaltliches Erkenntnisergebnis festhalten zu wollen, sondern diese Erkenntnisse nur als Kraft zu schätzen, welche die Seele bildet. Die Beurteilung des Lebens aber kann nur aus dem Leben selbst gewonnen werden, und zwar in jedem Augenblicke neu. So unterwirft sie sich dem, was Pflicht und Liebe gegenüber dem Freunde von ihr fordern. Dennoch ergreifen sie Wehmut und Schmerz:

Doch fühle ich in dieser Stunde mehr,
Als ich vorher es jemals fühlte,

Daß ich vor schwerer Seelenprüfung stehe.
Wenn sonst die Menschen aus den Herzen reißen,
Was von dem einen in dem andern lebt,
So hat die Liebe sich ins Gegenbild verändert.
Sie wandeln selbst die Bande, welche sie verknüpfen,
Doch geben ihnen Trieb und Leidenschaft die Kraft;
Ich aber soll durch freien Willen tilgen
Die Wirkung, welche ich von meinem Seelenleben
In meines Freundes Taten sich vollziehen sah.
Und doch muß meine Liebe unverändert bleiben.

Wie kann Maria diesen schweren Weg gehen? Benedictus weist sie darauf hin, sich zu fragen, was in ihrer Liebe zu Johannes ihr am meisten wertvoll war. Und da erkennt Maria blitzartig, daß die starke Triebfeder dieser Liebe zu Johannes ist, sich selbst in ihm zu erleben.

So such' ich nach Befriedigung,
Die ich empfinde an dem eignen Selbst;
Und lebe in dem Wahne, daß ich selbstlos sei.
Verborgen ist mir doch geblieben,
Daß ich im Freunde nur mich *selbst* bespiegle.
Es war der Selbstsucht Drache,
Der täuschend mir verhüllte,
Was mich in Wahrheit trieb.

Der Selbstsucht Drache hatte seine schwarzen Flügel um Maria zusammengezogen. Das war der Kampf ihrer Seele. Nun aber ist es ein Kampf, den sie bis zum Ende durchzukämpfen entschlossen ist.

Benedictus verläßt sie. Unmittelbar begibt Maria sich auf den inneren Forschungsweg, ihre Schicksalsfrage, vielleicht ihre Schicksalsschuld, im vergangenen Erdenleben zu ergründen. Sie verbindet sich den Seelenkräften, die sie aus diesem Leben in die übersinnlichen Welten herausführen.

Daß ich im Zeitensein
Mich selbst ergründe
Und die Richtung mir geben kann
Aus alten Lebensweisen
Zu neuen Willenskreisen.

Was nun folgt als Sprache der Seelenkräfte und als Antwort Marias selbst, gehört zu den allerschönsten und ergreifendsten Stellen dieses Dramas. In diesen dichterischen Worten erleben wir, wie Marias Seele sich zum Lichtorgan bildet, dem Kosmos sich öffnet, sich emporläutert aus der Dumpfheit des lähmenden Wunsches hinauf zum erkennenden Geistesfühlen, mit der Ruhe der Höhenwelt sich durchdringend, ganz Hingabe, ganz gereinigter Kelch für die Wahrheit, die sie erkennen will.

Entbindet mir das Seelensein vom Selbstgefühl
In seinem Zeitenleben.
Erschließet mir den Pflichtenkreis
Aus meiner Vorzeit Lebensbahnen.

Das ist so groß an diesem Suchen, daß nicht Erkenntnisneugier befriedigt werden soll. Nein, der Pflichtenkreis soll aus diesem Leben auf das vergangene Leben hin erweitert werden. Und nun erklingt wieder die Geistesstimme des Gewissens:

Es suchen ihre Gedanken
In Zeitenspuren.
Was als Schuld ihr geblieben,
Was als Pflicht ihr gegeben,
Entsteige ihrem Seelengrunde,
Aus dessen Tiefe
Die Menschen träumend
Ihr Leben führen;
In dessen Tiefe
Die Menschen irrend
Sich selbst verlieren.

Wieder führt diese Stimme in die Seelengründe und läßt das gegenwärtige Sein auf dem Grunde des Verborgenen erahnen. Das verborgene und das offenbare Wesen schließen sich zu einem neuen Menschen zusammen.

Wieder erkennen wir die drei Schritte des vorigen Bildes: Aus dem Tagesbewußtsein wendet die Seele sich in die kosmischen Höhen der Seelenkräfte und dringt mit der Stimme des Gewissens in die Tiefen der Seelen- und Weltengründe. Jeder Schritt wird von Maria mit vollem Ich-Bewußtsein vollzogen. Alle Erlebnisse werden bis in den Gedanken hinein vollkommen kristallklar. Wie anders ist damit die seelische Gestaltung des dramatischen Weges dieser Szene gegenüber der ersten Szene.

Das 3. Bild zeigt Johannes Thomasius vor einer Staffelei in einem Zimmer in rosenrotem Grundton. Freundliche Stimmung, wird dazu ergänzend bemerkt. – Wir sehen Johannes Thomasius als Künstler, als Maler. Er scheint beim Schaffen zu sein. Aber das Schaffen ist unterbrochen.

Etwas Gravierendes ist eingetreten. Wir sehen ihn aus seiner schöpferischen Tätigkeit herausgerissen.

Maria schwieg vor meinem Bilde,
Als sie zuletzt es sah. –

Das ist vorher nie geschehen. All seine schöpferische Arbeit geschah nur im Austausch, in der Gemeinsamkeit mit Maria. Die Liebe, die sie verband, war der Grund, auf dem alles künstlerische Schaffen ruhte. Die Inspiration und die Beurteilung Marias waren für Johannes Quelle und Maßstab seines Schaffens.

Worum rang er in diesem Schaffen? Benedictus hatte ihm das Ziel gewiesen, das im Übersinnlichen Erlebte in Farben und Formen sinnlich darzustellen. Um das zu erreichen, mußten Farbe, Form, Licht und Dunkelheit so durchsichtig, so unmittelbar lebendig in der Seele werden, wie die übersinnlichen Eindrücke selbst unmittelbar lebendig in der Seele sich ausprägten. Das malerische Leben im flutenden Strom der Farben mußte für den Künstler selbst so werden wie das Wandern in den Fluten des geistigen Lichtes. Das Sinnliche mußte aufgehoben werden. Es mußte erscheinen wie das Übersinnliche selbst.

Wohl war das Ziel ihm von Benedictus gewiesen. Aber die schöpferischen Kräfte, das Feuer für dieses Schaffen strömten ganz aus dem Seelenfeuer Marias hervor, aus der Liebe zu ihm. Warum hatte sie zum ersten Mal geschwiegen? Warum hatte sie ihm ihre Anteilnahme verweigert? – Maria ist eingetreten und ihre Zurückhaltung befremdet Johannes noch mehr. Ihre Worte bleiben ihm unverständlich und erfüllen ihn mit Angst und Sorge. Er ruft ihr ins Gedächtnis, daß doch nur ihre Liebe sein Schaffen überhaupt ermöglicht hat.

Empfinden muß ich meines Schaffens Strom
Aus deiner Seele Quell' in meine fließen;
Dann fühle ich die Schwingen, die mich heben
Zu erdenfernen, geisterfüllten Höhen. –
Ich liebe, was in deiner Seele lebt,
Und kann ihm liebend Bildgestalt verleihn.
Nur Liebe kann dem Künstler Kräfte zeugen,
Die in den Werken fruchtbar weiterleben.

Johannes weiß als Künstler, daß nur Liebe, nur Hingabe, nur Selbstlosigkeit ihm die Kräfte schenken, Geistiges im Sinnlichen zu erschaffen. Er fühlt diese Selbstlosigkeit gerade darin, daß er die schöpferischen Kräfte dafür nicht aus sich nimmt, sondern ganz der Liebe Marias verdankt.

Der Selbstsucht Fesseln muß ich sprengen
können;
Daß ich nicht eigner Willkür Wahngestalten
Statt Geisterwelten kunstvoll bilden möchte.

Mit wenigen Worten weist Maria Johannes darauf hin, daß sein Werk viel einheitlicher werden könnte, wenn er es aus der eigenen Seele erschaffen würde. Es kann nicht anders sein, als daß diese Bemerkung für Johannes abstrakt bleibt, ernüchternd, ja lieblos wirkt, denn sie widerspricht allem, was bisher die Realität des gemeinsamen Lebens und Schaffens war. Wohl fühlt Johannes sich in der Lage, sich frei in den Geisteswelten zu bewegen, die Sinneswelt in ihrer Beseeltheit, in ihrer Geistigkeit zu durchdringen. Aber zum Schaffen führt ihn das nicht:

Doch darf ich dir in Weltenhöhen folgen
Und warm in Seligkeit dir nacherleben,
Was du schon dort im Geist erblicken konntest,
Empfind' ich Feuer in der Geistesschau,
Das in mir selbst dann weiterflammt und
flammend
In mir entzündet Kräfte, die zum Schaffen
zwingen.

Das innere Erlebnis des Johannes, seine Worte werden zu einer einzigen Flamme. Und Furcht ergreift ihn, daß diese Flamme erlöschen könnte. Auch die Thematik des Bildes, welche Maria ihm geschenkt hat, strömt in geistigen Feuerkräften dahin. In der Farbe des vergeistigten Feuers, im zarten Ätherrot hat Johannes das Bild zum Ausdruck gebracht.

Wie Ursprungskräfte sich in Sehnsucht dichten,
Und Schöpfungsmächte geistend sprühen,
Und schon, den Menschen fühlend, sein-
bedürftig,
Als Götter sich im Zeitbeginn erschaffen,
Dies hat der Freundin Seele oft mit edler Rede
In unsichtbarer Art mich greifen lassen.
Im zarten Ätherrot der Geisteswelt
Versucht' ich, Unsichtbares zu verdichten;
Empfindend, wie die Farben Sehnsucht hegen,
Sich geistverklärt in Seelen selbst zu schauen.
So spricht der Freundin Seelenwesen wie mein
eignes
Aus meinen Bildern zu den Menschenherzen.

Die Morgenröte des Schöpfungstages malend, im Gefühl

der morgendlichen, aufstrebenden, zum Geiste sich erhebenden gemeinsamen Liebe und Freundschaft, muß Johannes sich plötzlich in einer Abendröte wiederfinden, in einem Feuer, das unter tiefsten Schmerzen die bisherige von Glück erfüllte Beziehung zu Ende gehen läßt. In den folgenden Worten Marias lebt derselbe Schmerz. Aber es lebt auch tiefe Demut vor der Weisheit des Schicksals in diesen Worten:

Bedenk, Johannes, daß die Eine Seele,
Getrennt von andern, als ein Eigenwesen
Seit Weltbeginn sich selbst entfalten muß.
Die Liebe soll getrennte Wesen binden,
Doch nicht die Eigenheiten töten wollen.
Es ist der Augenblick für uns gekommen,
In welchem wir die Seelen prüfen müssen,
Wie sie des Geistespfades weitre Schritte
Zu einer jeden Heil zu lenken haben.

Es ist Johannes unmöglich, überhaupt ein Verständnis für diese Worte im Moment zu haben. Er möchte Maria folgen. Aber was geschieht? Die drei Gestalten der Seelenkräfte erscheinen. Aber wie erscheinen sie? Wie im Sturm treten sie ihm entgegen, die Bewegung seiner Seele aufhaltend, ihn wie in sich selbst zurücktreibend. Wie Feuer dem Feuer begegnet, so ruft Luna ihm zu:

Du kannst dich selbst nicht finden
Im Spiegel einer andern Seele.
Die Kraft des eignen Wesens,
Sie muß im Weltengrunde Wurzeln schlagen,
Wenn sie aus Geisteshöhn
Die Schönheit in die Erdentiefen
Mit echtem Sinn verpflanzen will.
Erkühne dich zum Eigensein,
Daß du als starke Seelenform
Dich Weltenmächten opfern kannst.

Maria sprach die Seelenkräfte als ihre Schwestern an. Und die Seelenkräfte nannten sie ihre geliebte Schwester. Diese Stimmung ist hier überhaupt nicht vorhanden. Das Begegnen ist wie ein Kampf. Auch Astrid weist Johannes mit strengen Worten auf das eigene Ich zurück. Sie ruft ihn auf, seine Erdenliebe zu Maria so zu vertiefen, daß aus den tiefsten Herzensgründen eine Liebe reift, die die Welt mit umfaßt. Diesen Dialog fühlen, heißt das Zaudern, das Schwanken, die furchterregende Unsicherheit im Gefühl des Johannes empfinden. Diese Unsicherheit wird ergriffen und geistig bestärkt durch die Worte der Andren Philia. Die treibt ihn zurück in sein bisheriges Seelenleben. Sie will ihn bestärken, im bisherigen Zustande zu verharren. Aber dieser Zustand ist für immer verloren. Auch in den weiteren zwei Dramen gelangt Johannes Thomasius niemals mehr zurück zu der Höhe der Künstlerschaft, auf der er hier stand. Es hat sich ein Zusammenbruch seines Lebens ereignet, der keineswegs weniger schwer ist als der im Anfang des ersten Dramas. Der Seelensturm dieses Bildes, verursacht von der vernichtenden Schicksalsfrage, endet selbst wie mit einer Frage. Es fehlt etwas. Man hält den Atem an wie in Erwartung. Wie eine Fermate, wie eine Schwärze liegt es über dem Ende des Bildes. Die Stimme des Gewissens nämlich schweigt. Zweimal haben wir nach dem Auftreten der Seelenkräfte die Stimme des Gewissens vernommen. Die dramatische Führung läßt sie uns erwarten. Aber sie schweigt. Wann wird sie sprechen?

Das 4. Bild führt uns wieder in das Bibliotheks- und Arbeitszimmer des Professors Capesius. Wir finden ihn im Gespräche mit Strader. Wie anders tritt die Schicksalsfrage in Strader auf. Nicht wie bei Maria durch eine innere Gewissensstimme, nicht wie bei Johannes von außen her durch die Einsicht der Freundin. Strader bleibt auch seinem eigenen Schicksal gegenüber Forscher, Naturwissenschaftler. Aus der Logik seines Verstandes heraus stellt er die Schicksalsfrage. Sein Ich stützt sich nur auf seinen Verstand.

Drei Erlebnisse führt Strader an, die ihn seinen bisherigen Forscherweg haben beenden lassen. Das erste war die Begegnung mit der Seherin Theodora. Strader durchschaute sofort, daß ihre Worte höchste Weisheit bergen. Er war sich nicht weniger bewußt, daß seine naturwissenschaftliche, logische Fähigkeit zu dieser Weisheit unfähig war. Wozu also sein gedankliches Streben, wenn dieser Frau sich ohne diese Gedankenschulung die allerhöchste Weisheit offenbart? Das zweite Erlebnis, das ihm den Glauben an die Tragekraft des naturwissenschaftlichen Denkens nahm, gab ihm Thomasius, der sich durch die Gedanken des Benedictus schöpferische Kräfte erwerben konnte, die Strader damals bis ins tiefste zu erschüttern vermochten. Und diesem Gedanken des Benedictus mußte Strader ebenso jede wissenschaftliche Berechtigung absprechen. Das Dritte aber, was Strader veranlaßt hat, sein bisheriges Leben vollständig zu ändern, ist eben gerade ein Ergebnis seines eigenen denkenden Forschens. Es ist die Erkenntnis von der Wahrheit der Reinkarnation. Der Gedanke der Reinkarnation ist für ihn das allein mögliche Ergebnis der Naturwissenschaft. Die Fakten und ihre logische Verarbeitung führen zwingend zur Wahrheit des Reinkarnationsgedankens. Und was folgert Strader aus dieser Erkenntnis für sein Leben? Er sieht, daß sein bisheriges Leben ihn mit unübersteiglichen Grenzen der Erkenntnis gefangen hält. Darum hat er sich entschlossen, Entsagung zu üben gegenüber seinem Forschungsdrang. Diese Entsagung, so denkt er, soll in ihm die Fähigkeit reifen lassen, in einem späteren Erdenleben seinen Forschungsweg wieder aufnehmen zu können. Vorausgesetzt, daß der Gedanke der Reinkarnation sich tatsächlich bewahrheiten wird.

Wie muß das auf Capesius wirken! Aus dem Gefühl geistiger Verantwortung heraus hat er den Weg betreten in übersinnliche Bereiche. Sein Gefühl treibt ihn diesen Reichen entgegen. Die Frage nach vergangenen Schicksalen ist in ihm gar nicht gegenwärtig. Die Frage der Reinkarnation ist für ihn bis jetzt nur eine philosophische Idee von hoher Schönheit, strahlend wie das Licht. Erst an Strader erlebt er, daß diese Idee Grund für die schwersten Schmerzen und Qualen werden kann. Denn in Strader ist die Idee der Reinkarnation Lebenswille geworden. Capesius spiegelt diese Idee nur philosophisch wider, wie ein tiefer Bergsee das Himmelsgewölbe spiegelt. In Strader wird die Idee zum Feuer, das die bisherige Lebensbasis verbrennt.

Das zeigt sich darin, wie Strader diese Idee auf sein eigenes Leben anwendet. Er erzählt sein Leben: Als ein Waisenkind von Pflegeeltern großgezogen, hat er sich stets als Fremdling in der Welt gefühlt. Auch bei den Pflegeeltern blieb er Fremdling, ebenso später im Kloster, ebenso dann auf seinem Forschungsweg. Der Gedanke der Reinkarnation zwingt ihn durch innere Logik, den Blick auf ein vergangenes Leben zu richten, in dem er selbst diese Einsamkeit, diese Entfremdung von seiner Umwelt bewirkt hat. Ich selbst bin die Ursache für das, was mir begegnet, sagt Strader. Diesen Schluß muß er in aller Klarheit ziehen. Daraus aber ergibt sich mit derselben Logik, daß es Schicksalsmächte gibt, die eben das Verschulden des Menschen zu seinen Schicksalsumständen umbilden. Es gibt Mächte, die aus der einen Inkarnation in die andere hinüberleiten. Und Strader sieht, daß seine Grenzen der Erkenntnis ihn diese Mächte nicht erfassen lassen. Die Grenzen der

Erkenntnis umgeben ihn wie Kerkerwände. Mit dem ganzen Feuer seiner Seele, in rasender Verzweiflung wirft er sich gleichsam gegen diese Wände. Aber er fällt von ihnen zurück. Die Schicksalsführung muß er so wie ein finsteres Räderwerk empfinden, das ihn ergriffen hat und in dem er zugrunde gehen muß. Gerade das Feuer des Erkenntniswillens ruft die tiefste Verzweiflung in Strader auf.

Benedictus hatte im 1. Bilde zu Capesius gesagt, daß Wunderdinge in sein Leben eintreten werden, denen er sich mutig entgegenstellen muß. Ein erstes solches in die Tiefe führendes Erlebnis hat Capesius durch diese Begegnung mit Strader empfangen. Das Genie des Capesius liegt in seinem Fühlen. Auch in seinem Mitfühlen. Die Frage nach vergangenem Schicksal durchweht seine Seele aus den Worten Straders heraus. Und Capesius fühlt, daß dies nicht das Ende sein kann. Was er, was Strader erlebt, wird sich in Zukunft in etwas ganz anderes verwandeln. Eine Art prophetisches Gefühl bewegt sich in Capesius am Ende dieser Szene.

Die Schicksalsfrage, welche im 2., 3. und 4. Bilde dramatisiert worden ist, hat uns, die Zuschauer, selbst durch Erlebnismetamorphosen geführt. In Maria werden Schuld und Pflicht bis zum Gedanken hin vollkommen klar. Das Ich-Bewußtsein bildet diese Frage aus in vollkommener Besonnenheit, in Hingabe und Demut gegenüber neuerstehenden Pflichten. Die Sprache der Seelenkräfte, die Stimme des Gewissens werden voll und ganz erlebt. – In Johannes bricht die Schicksalsfrage wie ein Feuer, wie ein Sturm herein. Die Seelenkräfte reißen diese Frage mächtig auf, beziehungsweise trüben sie. Die Stimme des Gewissens bleibt aus. – In Strader verdichtet sich die Schicksalsfrage durch seine Verstandeskraft, durch das Feuer seines Gefühls bis in den Willen hinein. Die Schicksalsfrage ist Wille geworden. Die Seelenkräfte und die Stimme des Gewissens verbergen sich. Der Wille, die geistige Welt zu betreten, durchdringt sein Ich bis in das Alltagsbewußtsein hinein. Der Drang, in vergangene Leben hineinzuschauen, wird durch den dramatischen Gang in dieser Szene aufs höchste gesteigert. Die Bogensehne ist bis zum äußersten gespannt, den Pfeil der Erkenntnis abzuschießen.

Diese Erlebnismetamorphosen in ihrer Steigerung erleben, heißt die Kunst des dramatischen Ganges erleben. Dieser Gang führt durch sich selbst in eine Steigerung des inneren Erlebens hinein, das reif wird, die Schicksalsfrage im Übersinnlichen zu erkennen.

Der Seelensonnengang, von dem vergleichsweise die Rede war, ist fortgeschritten. Das grelle Licht der Mittagshelle leuchtet über dem Gespräch Marias mit Benedictus. Nacht und Sterne gehen auf, wenn Marias Seele sich zu den Seelenkräften wendet und durch sie in die Weiten des Kosmos strebt. Weihe und Tiefe der Mitternacht walten, wenn die Stimme des Gewissens erklingt. Morgenröte, Sonnenaufgang spiegeln sich im glühenden Abendrot der Schicksalswende im Leben des Johannes. In der Nacht, beim Schein einer Lampe, ringen Strader und Capesius um den Gedanken der Reinkarnation. Diese ersten vier Bilder spielen alle in Innenräumen, in einem Zimmer. Im Innenraum der Seele steigert sich das Erlebnis der Schicksalsfrage. Das nächste Bild, das im dritten Vortrage besprochen werden soll, führt hinaus in die freie, offene Naturumgebung.

Der Übergang vom Bewußtsein des gegenwärtigen zum übersinnlichen Schauen des vergangenen Lebens. Das 5. und 6. Bild

Wir haben gesehen, wie die Schicksalsfrage sich im 2., 3. und 4. Bild verdichtet bis zum Gedanken, bis in das Gefühl und zuletzt bis in den Willen. Wie das 1. Bild vollzieht sich auch das 2. Bild in drei Schritten. Das Suchen der Seele beginnt im Tagesbewußtsein, steigt durch die Seelenkräfte in das kosmische Erleben auf und dringt mit der Stimme des Gewissens in die Tiefe der eigenen Seele und der Weltengründe. Auch das 3. Bild vollzieht sich in diesen drei Schritten, doch bleibt der letzte Schritt, die Stimme des Gewissens, als Frage im Raume stehen. Gerade dadurch, daß sie fehlt, wird sie bedeutend und weiterführend als Frage. Für Strader, im 4. Bild, werden weder die Seelenkräfte noch die Stimme des Gewissens im Bewußtsein erlebbar. Aber wir fühlen ihre Macht in der Intensität einer Schicksalsfrage. Wie der Same die ganze Pflanze enthält, so lebt in Straders Seele die Kraft, das Übersinnliche zu betreten, und die Ahnung dessen, was durch die Stimme des Gewissens spricht.

Das 5. Bild bildet den Übergang zum Schauen der Lebensbilder der Vergangenheit. Wir sehen eine Landschaft, in welcher sich das einsame Haus der Baldes befindet; während die vorigen Bilder mit ihren Innenräumen immer auf das innere Leben der Seele gewiesen haben, sind die handelnden Personen jetzt umgeben von der Fülle, der Anmut, dem Segen der Natur, worin die Seele aufatmend, gelöst und befreit, sich hineinträumt in die Schönheit der Pflanzen- und Gebirgswelt. Die Milde des Eindrucks wird noch erhöht durch die Abendstimmung. Im Verlaufe des Bildes wird diese Stimmung dann immer mehr übergehen in die tiefer und tiefer einbrechende Dämmerung.

Wir sehen Frau Balde auf einer Bank sitzen, während Capesius zu ihr herangewandert kommt. Schon von weitem hat Frau Balde gesehen, daß Capesius, wie schon so oft, von tiefem Leid erfüllt ist. Die Begrüßung ist herzlich. Auch die menschlichen Verhältnisse sind ganz von Güte getragen, sie sind vertraut und trostreich. Alles ist einfach und unmittelbar menschlich. Auch Felix Balde findet sich zur Begrüßung des Gastes und zum Gespräch ein. Das Leben der früher einsamen Baldes hat sich sehr verändert. Plötzlich sind eine Menge Neugieriger aufgetaucht. Täglich werden es mehr. Was Balde aus einer Naturweisheit zu sagen hat, ist eine Art Sensation geworden. Auf die erstaunte Frage des Capesius, warum der früher so Schweigsame sich entschlossen habe, jetzt so vielen Menschen Rede zu stehen, antwortet dieser, daß die geistige Stimme, die in seinem Herzen spricht, ihm früher befohlen habe, zu schweigen; jetzt aber heiße sie ihn reden. Und nun schildert Felix Balde die Art, wie die Weisheit sich in ihm zur Offenbarung bringt:

Ich bin ein Mann, dem ohne Kunst
Ins Herz muß strömen,
Was sich ihm offenbaren mag.
Ich kenne nicht ein Wissen ohne Worte. –
Wenn ich in Herzenstiefen Einkehr halte
Und auch, wenn ich Natur belausche,
So lebt in mir das Wissen,
Das Worte nicht erst suchen muß – – –:
Die Sprache ist ihm so verbunden
Wie seine Leibesform dem Erdenmenschen. –

Felix Balde ist sich zwar wohl bewußt, daß die Weisheit, die er auf diese Weise zu geben hat, von den wenigsten Menschen verstanden werden kann; daß die meisten nur kommen, um ihre Neugier zu befriedigen, aber er ist davon überzeugt, daß dieses Wissen auch dort Gutes wirken kann, wo es nicht verstanden wird. Denn es werden gleichsam gute Kräfte durch diese Sprache des Geistes in den Menschen eingepflanzt, die weiterwirken werden. – Auch Capesius gesteht, daß er in den vielen Jahren, in denen er Felix Balde zugehört hat, eigentlich nie etwas verstanden hat. Auch für ihn ist das ohne Sinn geblieben, was er hörte. Felix Balde ist ein Mensch voller Güte und Vertrauen. Und so erwidert er Capesius:

Er wird sich euch gewiß erschließen.
Ihr strebt mit gutem Geist und edlem Herzen;
Da müssen auch die Zeiten kommen,
Wo ihr der Wahrheit Stimme hört.

Nun wechselt Felix Balde plötzlich das Thema. Er macht gleichsam überraschend den Versuch, ob Capesius die Stimme der Wahrheit bereits vernehmen kann. Aber ganz ohne Logik geht er eigentlich über. Er spricht eben so, wie ihm das Herz gebietet. Darin zeigt sich eine innere Verwandtschaft zu Capesius. Der gelehrte und gescheite Professor ist im Grunde auch viel mehr ein Mensch des Herzens, zu dem die Worte des Benedictus viel stärker sprechen in ihrer Kraft als in ihrem gedanklichen Inhalt. Auch die Märchen der Frau Balde bieten ihm eine viel stärkere Sprache als seine eigene Wissenschaft. – Felix Balde also sagt:

Ihr achtet nicht, wie inhaltreich
Der Mensch als Bild der Weltenreiche ist.
Sein Haupt, es ist des Himmels Spiegelbild;
Durch seine Glieder wirken Sphärengeister;
In seiner Brust bewegen Erdenwesen sich;
Und allen stehn entgegen, machtvoll ringend,
Dämonen aus dem Mondbereich,
Die jener Wesen Ziele kreuzen müssen.

Felix Balde schildert also ein Bild des Menschen, das diesen mitten in das Leben des Kosmos eingliedert. Ist dieser Gedanke nicht schon in anderer Form an Capesius herangetreten? Im 1. Bilde sann Capesius über die Worte des Benedictus nach, die ihn dann wie in Furcht in ein erstes Erleben des Übersinnlichen hineinführten.

«In deinem Denken leben Weltgedanken,
In deinem Fühlen weben Weltenkräfte,
In deinem Willen wirken Weltenwesen.»

Was Felix Balde an der Gestalt des Menschen zeigt, das hat Capesius für das Innere der Seele schon erlebt. Auch daran knüpft Felix Balde an:

Was als ein Menschenwesen vor uns steht,
Was als die Seele wir erleben,
Was als der Geist uns leuchtet:
Es schwebte vielen Göttern vor seit Ewigkeiten,
Und ihre Absicht war,
Aus allen Welten Kräfte zu verbinden,
Die im Verein den Menschen bilden.

Capesius hatte durch das Erlebnis der schöpferischen Kräfte des Johannes Thomasius und seines Aufstieges in die geistige Welt von dem Geistesschatz in der Seele gesprochen, den verfallen zu lassen er als die größte Sünde gegenüber den Göttern erlebte. Auch dieser Gedanke des Felix Balde ist ihm eigentlich vertraut. Aber was sagt Capesius?

Fast ängstlich werde ich bei diesem Wort,
Das kühn als aller Götter Leistung
Des Menschen Wesenheit betrachten will.

Capesius macht erstaunlicherweise gar nicht die Bemerkung, daß er diese beiden Gedanken ja schon kenne, daß er sie ja auch schon selber durchdacht habe. Der unmittelbare Gefühlseindruck ist der viel stärkere. In bezug auf den Gedankeninhalt scheint er etwas vergeßlich zu sein. Diese Nuance gerade gehört zu seinem Charakter, auch zu seinem Genie. – Das Gespräch abschließend fügt Felix Balde seinen Worten noch hinzu:

Darum ist höchste Demut jenem nötig,
Der Geisteswissenschaft erlangen will.
Und wer in Hochmut und in Eitelkeit
Sich selbst erkennen will,
Dem öffnen sich die Wissenspforten nicht.

Damit entfernt er sich. Capesius bekennt Frau Balde, daß er wieder den Inhalt dieser Worte nicht recht verstanden hat. Ja, daß er das Verständnis durch den Gedanken eigentlich nicht gewinnen kann. Just der gescheite Herr Professor macht diese Bemerkung! Und nach was verlangt er, um diese Gedanken zu verstehen? Eben nach keinem Gedanken, er verlangt danach, am Bilde erwarmend die Worte des Felix Balde zu fassen. Erst das Bild wirkt für Capesius so, daß er den Eindruck hat, er versteht. Er versteht also eigentlich dann, wenn er nicht «versteht». Die Bilder der Poesie sind es, die seine Seele sucht. – Frau Balde berichtet, daß sie diese Worte ihres Mannes schon oft gehört habe. Und diese Worte hätten aus ihrem Herzen ein Bild gelöst, das sie Capesius schon immer habe erzählen wollen. Und dieses Märchenbild erzählt sie nun.

Sie erzählt von einem Knaben, der in der Waldeseinsamkeit mit seinen Eltern lebt. Dieser Knabe ist zart und durchsichtig in seinem Körperbau. Seine Seele ist reich begabt mit Eindrücken, die für andere Menschen verschlossen sind. Er vermag in allen Pflanzen, in jeder Blume, in jedem Baum, in der ganzen ihn umgebenden Natur die Geistigkeit, die lebendigen Wesen derselben zu erleben. Jeder Sonnenaufgang, jede Abendröte spricht eine Sprache des Geistes zu ihm. Jedes Raunen und Rauschen in den Wipfeln der Bäume ist für den Knaben verständlich. Er ist innig vertraut mit der Sprache der Natur. – Man muß den dramatischen Gang empfinden, der die äußere Naturszenerie, die Wärme und Menschlichkeit seiner Bewohner jetzt im Märchen verinnerlicht, verfeinert und vergeistigt. Das bisher außen Erlebte verklärt sich im Märchenbild.

Ein Lieblingsaufenthalt des Knaben ist eine Quelle im Wald, die er bei Nacht, beim Licht des Mondes aufzusuchen pflegt. Dort sitzt er dann stundenlang und schaut dem tausendfältigen Spiel des über die Steine herabsprühenden Wassers zu. Im Zauber dieses Lichtgeflimmers und des sprühenden Wassers entstehen ihm geistige Gestalten. Drei Frauen erscheinen seiner Seele. In einer Sommernacht aber beginnen die Frauen zu handeln. Sie bereiten dem Knaben eine Gabe. Die erste Frau ergreift die Wassertropfen und reicht sie der zweiten Frau, die ein silbernes Kelchgefäß daraus bildet. Die dritte Frau füllt dieses Kelchgefäß mit dem Silberlicht des Mondes und reicht es dem Knaben. In der Nacht aber träumt der Knabe, daß ein Drache sich ihm naht und ihm den Kelch raubt. Dreimal noch erlebt der Knabe die Frauen, dann entschwinden sie ihm für immer. Er wächst heran und nach 21 Jahren finden wir ihn zum Manne gereift in einer Stadt wieder. Müde von harter Arbeit, umgeben von der Geist- und Naturlosigkeit der städtischen Atmosphäre denkt er über sein Leben nach. Was wird dieses Leben ihm noch bringen? Da fühlt sich der Mann plötzlich wieder an den Felsenquell seiner Heimat entrückt, aber so, wie wenn er selbst wieder Knabe wäre. Und wieder erblickt er die Wasserfrauen, und jetzt hört er sie zum ersten Mal sprechen:

Gedenke meiner jeder Zeit,
Wenn einsam du dich fühlst im Leben.
Ich lock' des Menschen Seelenblick
In Ätherfernen und in Sternenweiten.
Und wer mich fühlen will,
Dem reiche ich den Lebenshoffnungstrank
Aus meinem Wunderbecher. –

Wenn wir uns mit Capesius fühlend zurückerinnern an die Situation des ersten Bildes, so finden wir in der Sprache der Seelenkräfte innerlich Verwandtes. Ähnliches in der Stimmung hat Capesius auch dort schon berührt.

Und auch die zweite sprach:
Vergiß mich nicht in Augenblicken,
Die deinem Lebensmute drohen.
Ich lenk' des Menschen Herzenstriebe
In Seelengründe und auf Geisteshöhn.
Und wer die Kräfte sucht bei mir,
Dem schmiede ich die Lebensglaubensstärke
Mit meinem Wunderhammer. –

Auch diese Worte tönen in der Erinnerung wieder auf.

Auch im 1. Bilde strömte aus den Seelenkräften Ermutigung, aufrichtende Seelenwärme in Capesius.

Die dritte ließ sich so vernehmen:
Zu mir erheb' dein Geistesauge,
Wenn Lebensrätsel dich bestürmen.
Ich spinne die Gedankenfäden
In Lebenslabyrinthen und in Seelentiefen.
Und wer zu mir Vertrauen hegt,
Dem wirke ich die Lebensliebesstrahlen
Auf meinem Wunderwebestuhl.– – –

Dem Manne träumt in der Nacht, daß der Drache sich ihm wieder naht. Aber diesmal kann er ihm nichts anhaben. Der Mann wird beschützt von den Wesen, die aus seiner Heimat ihm auch hierher zu dem fremden Ort, zu der geist- und naturarmen Stadt gefolgt sind. – Reichbeschenkt verabschiedet sich Capesius von Frau Balde. Seine Seele ist geheilt und erquickt. Aber was ist eigentlich geschehen? Warum ergreift das Märchen von dem Knaben Capesius so ganz besonders? Man kann empfinden, wie glücklich Capesius sein muß, mit der Seele dieses Knaben dem Kosmos der Natur so innig verbunden zu sein. Wie beglückt er auch sein muß im Erleben der drei Geistgestalten, die gnadevoll die Seele des Knaben mit ihren Gaben beschenken: mit dem Lebenshoffnungstrank, mit Lebensglaubensstärke, mit Lebensliebesstrahlen. Aber trat das alles nicht schon einmal an ihn heran? Capesius erlebte ja die geistige Welt in ihrer Wirklichkeit zum ersten Mal in dem ersten Bilde. Aber sie blieb ihm chaotisch, furchterregend, gespenstisch. Jetzt hört er ein Märchen. Was er in realgeistiger Art nicht ertragen konnte, das wird ihm jetzt als Märchenbild, als Poesie gereicht. Man muß eigentlich sagen, daß Capesius aus der höheren Schule des geistigen Schauens zurückversetzt wird in die Elementarschule des Märchenerzählens. Er ist sitzengeblieben! Sein Weg geht rückwärts. Aber gerade das führt ihn vorwärts. Denn durch das Märchen belebt sich die Fähigkeit für das Übersinnliche in seiner Seele. Wie innerlich verjüngt schreitet er dem schicksalhaften Augenblick entgegen, der ihn zum Schauen seines vergangenen Erdenlebens führt. Wieder ein neues Erlebnis hat sich zu den Wunderdingen, von denen Benedictus sprach, gesellt. Das empfindet Capesius und spricht:

Ich fühle, wie gesundend solch ein Bild
In meiner Seele wirkt, und allem Denken
Verlorne Kräfte wiedergeben kann.

Es war so einfach, was die Frau erzählte,
Und doch erregt es mir Gedankenkräfte,
Die mich in unbekannte Welten tragen. – –
Ich will in dieser schönen Einsamkeit
Dem Träumen mich ergeben, das so oft
Gedanken meiner Seele schenken wollte,
Die wohl weit besser sich erwiesen haben
Als manche Früchte wochenlangen Grübelns.

Frau Balde ist mittlerweile in das Haus zurückgekehrt. Capesius entfernt sich tiefer in den Wald hinein, aber so, daß er eigentlich für den Zuschauer noch sichtbar bleibt. Er läßt sich nieder, um sich dem Träumen, wie er sagt, zu überlassen, um das Erlebnis zu verarbeiten.

Nun betritt Johannes die Szene. Vielleicht ist man erstaunt, warum er nun auch just hierher gewandert kommt? Aber gerade hierdurch wird das Schicksal, das die Schritte lenkt, dramatisiert. Johannes erlebt die eben erwachte Schicksalsfrage mit der ganzen Qual des Trennungsschmerzes. Er kann sich mit dieser Trennung nicht abfinden. Er wendet sich mit der ganzen Kraft seiner Seele dagegen.

Ich kann nicht – ich will sie nicht befolgen,
Die Mahnung, die Maria fand,
Zu übertönen meiner Seele Stimme,
Die unaufhörlich spricht «Ich liebe sie», –
Und meine Liebe ist mir Quelle
Des Wirkens, das allein ich kennen will.
Was ist mir aller Schaffenstrieb,
Was Ausblick zu den hohen Geisteszielen,
Wenn sie das Licht mir rauben wollen,
Das mir das Sein beleuchten kann? –
In diesem Lichte muß ich leben dürfen;
Und wird es mir genommen,
So will ich nur den Tod für Ewigkeiten.

Man mag sich fragen, ob ein Eingeweihter sich so drastisch persönlich, so leidenschaftlich noch äußern könne? Aber das ist doch eigentlich eine sehr äußerliche Betrachtung, eine sehr philiströse Frage. Der weitere Fortgang der Mysteriendramen Rudolf Steiners offenbart immer mehr, auf wie geheimnisvolle Weise das Schicksal aus Stärke und Schwäche des einzelnen Menschen das gesamte Leben aufbaut.

In der 2. Szene des ersten Mysteriendramas sahen wir Johannes im Ringen um die Selbsterkenntnis ein furchtbares Wesen beschreiben, ein Ungeheuer, in welchem er sich selbst erkannte. Die Schilderung blieb im Wort. Das Wesen betrat nicht sichtbar die Bühne. Was dort also noch mit einer gewissen Innerlichkeit geschildert wurde, das betritt jetzt leibhaftig die Bühne. Die Landschaft entschwindet dem Blick des Johannes. Alles taucht wie in einen Nebel ein. Er wird wie aus dem Leibe herausgezogen. Wie ein Traum drängt sich etwas Fürchterliches aus den Tiefen seiner Seele heraus. Und plötzlich erblickt er eine Gestalt, die das genaue Spiegelbild seiner eigenen Gestalt, seines eigenen Wesens ist. Diese Spiegelgestalt, dieser Doppelgänger ist mächtiger als er selbst. Er kann sie nicht vertreiben, er kann ihr auch nicht entfliehen. Wie hineingebannt ist er in die Spiegelung, wie durch einen Zauber festgehalten. Der Doppelgänger spricht mit seiner eigenen Stimme:

Ich liebe dich, Maria ...
Mit pochendem Herzen,
Mit fieberndem Blute
Nur kann ich vor dir stehn. –
Und wenn dein Blick mich trifft,
Durchrieseln heiße Schauer mich;
Und wenn du deine liebe Hand
In meine Hand willst legen,
Erfüllt mich Seligkeit
In allen Gliedern – – – – – –

Von Zorn und Grauen gepackt, wehrt sich Johannes gegen dieses Zerrbild seiner Seele, seiner Liebe zu Maria. Aber unbekümmert spricht das Gespenst weiter:

Ich habe deinen Worten oft gelauscht –;
Ich schien in meine Seele sie zu saugen
Als Kunde aus dem Geisterland. –
Doch mehr als alle Offenbarung
Empfand ich liebend deine Nähe.
Und wenn du sprachst von Seelenwegen,
Erfüllte mich die Seligkeit,
Die stürmisch wogt im Blute – – –

Erinnern wir uns, daß im 3. Bilde, nachdem die Seelenkräfte Johannes begegnet waren, die Stimme des Gewissens ausgeblieben war. Der Doppelgänger hebt verborgene Tiefen der Seele ins Licht des Bewußtseins. Und jetzt plötzlich erklingt die Stimme des Gewissens. Was vorher die Stimme des Gewissens zum Verstummen gebracht hat, übertönt hat, das stürmisch wogende Blut, das gerade ruft jetzt durch den Doppelgänger die Stimme des Gewissens gewaltig auf.

So spricht verschwiegene,
Doch nicht vertriebene,
Vom Schein gemiedene
Im Blut gebliebene
Geheime Kraft
Der Leidenschaft

Während sonst die Stimme des Gewissens das Tagesbewußtsein des Menschen mit dem Fundament seines kosmischen Wesens verband, weist dieses Gewissen jetzt den in das Übersinnliche eingedrungenen Eingeweihten auf den Boden seiner unverwandelten Menschlichkeit zurück. Und nun, nachdem das Gewissen gesprochen hat, offenbart sich der Doppelgänger nicht länger als spiegelndes Gespenst, sondern spricht sich aus als Geist, offenbart seine Mission:

Ich darf dich nicht verlassen;
Du wirst mich oft an deiner Seite finden;
Ich weiche nicht von dir,
Bis du die Kraft gefunden,
Die mich zum Gleichnis macht
Des Wesens, das du werden sollst.
Noch bist du's nicht in dieser Zeit.
Nur in dem Wahne deiner Eigenheit
Erblickst du es in dir.

Johannes wird aufgerufen, im Doppelgänger zu erkennen, wie weit er das Ideal seines eigenen Menschen verwirklicht hat. Dieses Doppelgängerwesen erweist ihm den qualvollen, den leidensvollen Dienst, das Häßliche im Wesen des Johannes zu verkörpern, bis Johannes selbst dieses Häßliche ganz und gar überwunden hat. Unbarmherzige, die Tiefen seiner Seele durchrüttelnde Selbsterkenntnis begegnet Johannes an der Schwelle, über die er in das Übersinnliche schreitet. Und wieder, wie im ersten Drama, sind Lucifer und Ahriman die ersten Geistgestalten, die sich ihm entgegendrängen. Während sie im ersten Drama eine mehr allgemeinmenschliche, übergeordnete Sprache gesprochen haben, begegnen sie ihm jetzt auf eine ganz persönlich treffende Art. Johannes ist in einem Zustand allerpersönlichster Qualen, auf einem Tiefpunkt seines Lebens und Erlebens. An diesem Erleben reißen diese Geister mit doppelzüngiger und bedrohlicher Gewalt. Zuerst spricht Lucifer:

O Mensch, besiege dich,
O Mensch, erlöse mich.
Du hast mich überwunden
In deinen Seelenhöhen;
Ich bleibe dir verbunden
In deinen Wesenstiefen.
Du wirst mich immer finden
Auf deinen Lebenswegen,
Willst du dich unterwinden,
Dich ganz vor mir zu schützen.
O Mensch, besiege dich,
O Mensch, erlöse mich.

Mit der ersten Zeile scheint Lucifer Johannes bestärken zu wollen, aus der Geistigkeit seines höheren Wesens heraus das niedere in sich zu besiegen. Lucifer fühlt sich in diesen Seelenhöhen von Johannes überwunden. Aber in den Tiefen seines Blutes wirkt er weiter. Drohend macht er ihm klar, daß alle Befreiungsversuche vergeblich sein werden. Verführerisch klingt das Wort, ihn auch dort, wo Lucifer sich jetzt gefesselt weiß, wieder zu erlösen. – Ahriman dagegen spricht:

O Mensch, erkühne dich,
O Mensch, erlebe mich.
Du konntest dir erwerben
Das Geistersehen;
Ich mußte dir verderben
Das Herzensleben;
Du sollst noch oft erleiden
Die stärkste Seelenpein,
Willst du dich nicht bescheiden
An meine Kräfte halten.
O Mensch, erkühne dich,
O Mensch, erlebe mich.

Auch Ahriman bestärkt den Eingeweihten, seinen Geistesweg weiter zu gehen. Sogleich aber legt er seine Hand auf das Herz des Menschen, greift in seine Leidenschaften ein und hält ihn auf diese verderbliche Weise an sich gekettet. Dem Streben der Seele, sich ganz von der Macht der Sinne zu befreien, tritt er drohend entgegen, Furcht verbreitend vor der Seelenqual.

Dann verschwinden Lucifer und Ahriman, ebenso der Doppelgänger. Johannes geht in tiefem Sinnen in das Dunkel des Waldes hinweg. Und Capesius erscheint wieder vorne auf der Bühne. Capesius hat Johannes wahrgenommen, er hörte ihn auch sprechen, aber was Johannes schaute, konnte er nicht schauen. Doch die furchtbare Gewalt des Erlebten teilte sich ganz seinem Gefühl mit. Sein Fühlen drang vollständig in die Seelenerlebnisse des Johannes ein.

Wie war mir eben? Wie ein schwerer Alp
Belastet's mich. Thomasius kam des Weges;
Er schien in tiefes Sinnen mir versunken.
Er blieb dann stehen, wie mit jemand sprechend,
Und doch war niemand außer ihm am Orte.
Ich fühlte, wie wenn schwere Angst mich drückte;
Ich sah nicht mehr, was dann um mich geschah.
Wie schlafend, unbewußt muß ich doch wohl
In jene Bilderwelt versunken sein,
Auf die ich mich ganz gut besinnen kann.

Capesius fühlt mit Johannes. Die Qual dieses Miterlebens, die Angst dieses Mitleidens lösen das Schauen in seiner Seele. Wie im Traume schaut er sich selbst unter Menschen vergangener Tage. Er sieht sich als Mitglied eines Geistesbundes. Völlig klar erkennt er sich selbst. Alles erscheint ihm merkwürdig vertraut. Und doch ist er sich ganz sicher, daß er in diesem Leben nichts dergleichen je erfahren hat.

Ein Traum nur –, doch erschütternd war der Traum.
Ich weiß, daß ich gewiß in diesem Leben
Dergleichen niemals kann erfahren haben.
Und was mir als Empfindung ist geblieben,
Erfüllt die Seele wie das volle Leben.
Mich zieht es urgewaltig nach den Bildern – –:
O, könnte ich den Traum doch wieder schauen.

Mit diesem Ruf endet die Szene. Und nun verwandelt sich die Landschaft des 5. Bildes in die Landschaft des 6. Bildes. Eine merkwürdige innere Verwandtschaft durch die Ähnlichkeit der Bilder tritt auf. Wir bleiben in der Naturumgebung. Nur leise verschiebt sich das Antlitz dieser Natur. Eine Waldwiese, im Hintergrunde hohe Felsen, auf denen eine Burg steht. Sommerabendstimmung. Bis in die Tageszeit, bis in die Stimmung hinein ist das 6. Bild dem 5. verwandt. Die Naturstimmung des 5. Bildes hat in Capesius und Johannes ein Träumen heraufbeschworen. Und dieses Träumen vertieft sich nun zum schauenden Traume des 6. Bildes.

Was tritt nun dem übersinnlichen Schauen als erstes entgegen? Zwölf Bauern und Bäuerinnen! Die Bauersleute geben über drei Angelegenheiten alle möglichen Meinungen kund: Die einen treten für die Kirche ein, die anderen für einen Ritterbund, der oben auf dem Schlosse im Hintergrunde wohnt und der vielen der Bauern in einem Bergwerk Arbeit vermittelt. Der dritte Stein des Anstoßes ist ein Jude mit Namen Simon. Dieser Jude dient den Rittern. Er ist Arzt und hat viele Krankheiten unter Menschen und Tieren geheilt. Die einen meinen, daß er das mit Hilfe des Teufels tue. Die anderen erkennen die tiefe Güte dieses Menschen. Entscheidend ist für viele, daß er Jude ist. Und so muß er als Jude beschimpft und verfolgt werden. –

Bisher traten in den beiden Mysteriendramen nur ganz bestimmte, hervorragende Menschen auf. Jetzt zum ersten Mal finden wir einfaches Volk, das seine mehr oder weniger persönliche Meinung über die angegebenen Probleme zum Ausdruck bringt. Wir sehen Lebensverhältnisse, Bilder von Lebensgemeinschaften, die durch Kirche, Ritterbund und die Persönlichkeit des Juden beeinflußt oder bestimmt sind.

Der 2. Auftritt desselben Bildes bringt den Juden Simon selbst auf die Bühne. Man erkennt in ihm die frühere Inkarnation des Dr. Strader. Monologisch spricht er aus, was in seiner Seele lebt. Wie oft schon hat er den Haß und Spott der Bauern erfahren und erduldet. Und so oft es auch geschah, immer wieder ruft es Schmerzen in ihm hervor. Zugleich aber verfolgt ihn immer wieder der Gedanke, daß in allem Sinn liegen muß. Auch in der Natur findet er, der Forscher und Arzt, in allem Gesetzmäßigkeit, Sinn. Ähnlich betrachtet er den Zusammenhang seines eigenen Lebens mit dem der Geistesritter auf jener Burg. Die haben sich eine Ordensregel geschaffen, die sie von allen anderen Menschen absondert. Ihn, den Juden, haben Natur- und Schicksalsgewalten zu derselben Einsamkeit bestimmt. So, wie er vom Ritterbunde segensvolle Kräfte ausgehen sieht, so fühlt er auch seine eigene Einsamkeit gesegnet in seinem geistigen Streben und Forschen. Am Beginne des 14. Jahrhunderts stehend, erkennt dieser Forscher, daß neue Naturgesetze sich dem Menschen offenbaren wollen. Er selbst, der diesen neuen Naturgesetzen forschend nachgegangen ist, hat vieles für die Heilkunst Fruchtbare entdecken und entwickeln können. Und so ist diese geheimnisvolle Gestalt im Innersten ihrer Seele von geistigem Glück erfüllt, lebt aber in ihrer sozialen Umwelt in schmerzlicher Entfremdung.

Der dritte Auftritt des 6. Bildes läßt den Bergmann Thomas auftreten, in dem die frühere Inkarnation des Johannes Thomasius zu erkennen ist. Er findet sich im Gespräch zusammen mit einem Dominikanermönch, der vorigen Inkarnation der Maria. Es zeigt sich, daß dieser Mönch nicht nur der Priester des Bergmannes ist, sondern in einem viel intimeren Sinn sein Lehrer. Thomasius ist durch die Hilfe des Mönches tief in die Geisteslehre der Kirche eingedrungen. Seine Seele ist in tiefer Demut und Liebe erfüllt von der geistigen Macht seines Lehrers. – Thomas berichtet nun, daß er die Tochter seines Vorgesetzten, eines Bergaufsehers im Bergwerk der Ritter, heiraten werde. Während dieser Bergaufseher ein Ketzer ist in seinen Augen und ganz der Weltanschauung der Ritter anhängt, ist die Pflegetochter Cilli, die seine Frau werden will, die gehorsame Tochter der Kirche. Der Mönch kann nur seine volle Zustimmung zu diesem Ehebund geben. Nun aber spricht sich Thomas aus über ein furchtbares Leid, das ihm eben widerfahren ist. Er berichtet, daß sein Vater ihn in früher Kindheit sowie seine Mutter und eine kaum geborene Schwester verlassen hatte, um sich ein neues Leben zu gewinnen, um Abenteuern nachzugehen, wie der Sohn meint. Die Mutter starb bald aus Gram, die Schwester wurde von Pflegeeltern aufgenommen, die den Ort verließen, so daß er, der Bruder, sie aus den Augen verlor. Er selbst wurde von Verwandten unterstützt, lernte das Bergfach und konnte darin Meister werden. Nun ergab es sich, daß er mit seinem Vorgesetzten in der Burg, einem der Ritter, wegen Bergwerkssachen zu sprechen hatte. Und im Verlaufe dieses Gespräches teilte ihm der Ritter mit, daß er sein Vater sei.

Was folgte ... o ich möchte es verschweigen ...
Ich hätte alles Leid vergessen können,
Das er der Mutter und mir selbst bereitet,
Als ich dem Vater gegenüberstand,
Der schmerzgebeugt von alten Zeiten sprach.
Doch *euer* Gegner stand in ihm vor mir.
Ich konnte nur das eine klar mir machen,
Welch tiefe Kluft mich trennen muß für immer
Von ihm, den ich so gerne lieben würde,
Den ich so lange sehnsuchtsvoll gesucht. –
Ich habe ihn zum zweitenmal verloren.
So fühle ich, was ich erleben mußte.

Thomas trifft also seinen Vater. Die Begegnung erschüttert

ihn zutiefst. Und nur Liebe strömt aus seinem Herzen dem Vater entgegen. Aber die Weltanschauung, der Gedanke, der Geist der Kirche und der Geist des Ritterbundes trennen ihn für immer von dem Vater. Fanatisch unterdrückt er die Stimme seines Herzens und folgt dem Geist, der durch den Mönch in ihm erweckt worden ist. Der Mönch verhält sich scheinbar vollkommen selbstlos, vollkommen moralisch. Seinem Bewußtsein kann nichts vorgeworfen werden:

Ich werde niemals dich entfremden wollen
Den Banden, die das Blut dir auferlegt.
Doch was ich deiner Seele geben kann,
Soll dir in Liebe stets beschieden sein.

Und doch sind die Tatsachen, die durch die menschlichen Verhältnisse nach der einen und anderen Seite gegeben sind, die allereinschneidendsten. Schicksal wird in tiefgreifender Weise geformt. Denn in dem Vater des Thomas werden wir im nächsten Bilde die frühere Inkarnation des Professors Capesius erkennen.

Wie schon die früheren Bilder hat sich auch das 6. Bild in drei Schritten vollzogen. Der 1. Auftritt schildert uns die Lebensverhältnisse von Menschen, die sich unter dem Einfluß von Kirche und Ritterbund gebildet haben. Der 2. Auftritt läßt uns tief in die Seele eines Menschen hineinschauen, in die einsame Seele des Juden Simon. Der 3. Auftritt schildert uns den Geisteskampf des Thomas. Aber auch das 5. Bild zeigt diese dreifache Gestalt. Die Kulmination des ersten Teiles liegt in der Darstellung des Felix Balde vom Bilde des Menschen und seinem Zusammenhang mit dem Kosmos. Ein Gedankenbild. Der Höhepunkt der Szene und die Mitte liegt in der Erzählung des Märchens vom Quellenwunder. In der Sphäre der Poesie wenden sich die Seelenkräfte den Kräften des Kosmos zu. Der dritte Teil des 5. Bildes führt in die Abgründe des Seelenlebens und kulminiert in der Stimme des Gewissens.

Wie geschieht nun der Eintritt in das Schauen des vergangenen Lebens durch die vier Hauptgestalten? Maria tritt in dieses Schauen ein in vollkommmener Besonnenheit, mit vollkommener Beherrschung ihrer Seelenkräfte, gesegnet und geführt von den drei Geistgestalten der Seelenkräfte. Die Stimme des Gewissens durchdringt ihr ganzes Sein. Vollständig gerüstet, entschlossen, jede Pflicht auf sich zu nehmen, schreitet sie über die Schwelle.

Johannes Thomasius wird wie im Sturme in dieses

Schauen hereingerissen; das Schauen überfällt ihn gleichsam; Lucifer und Ahriman reißen an seiner Seele; der Doppelgänger und die Stimme des Gewissens werfen ihn tief in sich selbst zurück. Finsternis, Sturm und Furcht erfüllen seine Seele, wenn er die Schwelle überschreitet.

In Capesius' Seele haben gewirkt die Schrecken seines ersten geistigen Schauens; die Erschütterung, die er in der Teilnahme an Straders Schicksalsfrage erfährt; die tiefe Erquickung und Belebung seiner Seele durch das Märchen von den drei Frauengestalten und dem Knaben; und endlich der Alptraum, die Angst im Mitfühlen des Doppelgängererlebnisses von Johannes. Diese Erlebnisse drängen ihn, treiben ihn über die Schwelle in das Schauen der Bilderwelt der Vergangenheit.

Und Strader? So sehr seine Seele danach lechzt, er selber schaut nicht seine Vergangenheit. Aber die mit ihm verbundenen Menschen schauen sein Leben. Auch das ist ein Schicksal.

Die Schicksalsantwort in der Burg des Ritterbundes. Das 7. und 8. Bild

Das 7. Bild führt uns ins Innere der Burg hinein. Die Szene spielt in einem Zimmer, das mit Symbolen einer mystischen Brüderschaft geschmückt ist. Um einen Tisch versammeln sich zum Gespräch der Großmeister des Bundes, zwei Präzeptoren und zwei Zeremonienmeister. Die Präzeptoren sind die Verwalter des Lehrgutes des Bundes. Sie sind die Lehrer. Die Zeremonienmeister wachen über die Formen der Lebensführung und über die kultischen Zeremonien. Man kann auch sagen, daß den ersteren der Gedankeninhalt und den letzteren die Willensgestaltung des Bundes anvertraut ist. Der Großmeister schildert nun die innere Lebenssituation des Bundes. Der Großmeister des gesamten Bundes wurde durch die Mächte, die den Bund bekämpfen, getötet. Der gesamte Bund, und somit auch diese Bundesburg, in der wir uns befinden, sieht seinem Untergang entgegen. Über die eigentliche Weltanschauung des Bundes wird zunächst sehr wenig gesagt. Der Großmeister spricht nur von Zukunftszielen der Menschheit, die durch den Bund gepflegt werden. Im Angesicht des Todes spricht er sich über den Kampf des Guten und des Bösen folgendermaßen aus:

Seit unser teures Haupt gefallen
Als Opfer jener dunklen Mächte,
Die aus dem Bösen ihre Kräfte holen,
Um durch des Widerstandes Kraft
In ihrer Art der Weisheit Plan zu dienen,
Die Gutes auch aus Bösem wirkt –
Seit dieser Zeit ist hoffnungslos all unser Erdenstreben.

Der Großmeister erblickt in dem Bösen, das in der Welt zerstörend wirkt, das jetzt sein Leben und das seiner Brüder vernichten wird, nur einen Teil des Guten. Er sieht das Böse in die Weisheit des Guten miteingeschlossen. Er vertritt die Ansicht, daß das Böse zuletzt nur dem Guten dienen kann. Wir fühlen uns durch diese eigentümlichen Worte des Großmeisters wie über den Zeitenaugenblick, so furchtbar er auch sich darstellt, hinausgehoben. Aus der

Perspektive der Ewigkeit wird von ihm auf den Zeitenaugenblick hingeschaut. Nüchtern schildert er das Zerstörungswerk der Feinde, die dem Bund seine Güter rauben, ihm vor allem aber auch die Seelen rauben, in die die Ritter Keime der Zukunft eingepflanzt haben. Diese Keime aber werden zu Früchten reifen, wenn jene Menschen in einem späteren Erdenleben sich wieder verkörpern. Der Standpunkt der Reinkarnation und die Perspektive der Ewigkeit bestimmen die Lebenshaltung des Großmeisters.

Nun stellt der 1. Zeremonienmeister eine Frage. Während der Großmeister uns zunächst unbekannt ist, erkennen wir in dem 1. Zeremonienmeister die frühere Verkörperung des Theodosius aus der ‹Pforte der Einweihung›. (Siehe Personenverzeichnis: «Der Seelen Erwachen».) Es war die Gestalt, die im 1. Bilde sich dem Geistigen nur durch das Gefühl nähern wollte, nicht durch die Erkenntnis. Dieser Zeremonienmeister stellt nun die Frage, warum das Schicksal des ganzen Bundes es verlange, daß das Einzelleben so vieler Brüder mithineingerissen werde. Warum müssen diese einzelnen Brüder sterben? Das kann er nicht verstehen.

Der Großmeister antwortet:

Es ist des Menschen Sonderleben
Gar weise mit dem Weltenplan verknüpft.

Ganz im Geiste des vorher Ausgesprochenen beweist der Großmeister seine völlig unpersönliche Haltung. Seine Seele spricht wie aus den Notwendigkeiten der ganzen Welt heraus. Er spricht weiter:

In unsrer Brüder Reihen
Ist mancher wohl, der fähig sich erweist,
Mit seinen Geisteskräften unserm Bund zu dienen,
Und der doch Flecken hat in seinem Dasein.
Es müssen seines Herzens irre Wege
Die Sühne finden durch die Leiden,
Die er im Dienst des Ganzen tragen muß.

Er weist darauf hin, daß man das Lehrgut des Bundes sehr wohl verstehen, ja es als Präzeptor vertreten kann, und doch reichen die moralischen, die Willenskräfte nicht in die Sphäre des intellektuell Erfaßten hinauf. Und diese Willensbildung kann gleichsam eingeleitet werden durch die Sühne, die diese Menschen in Leid und Tod für das Ganze erfahren.

Und wer nicht schuldig durch die eignen Taten
Die Dornenwege wandeln muß,
Die aus dem Bundeskarma stammen,
Dem wird der Schmerz die Kraft verleihn,
Zum höhern Leben aufzusteigen.

Das bevorstehende Leid, der Schmerz, der Durchgang durch den Tod wird als ein Schulungsweg hinauf in die geistige Welt angesehen. Der ritterliche Kampf, der Krieg, bedeutet, insbesondere für diesen Bund, etwas völlig anderes, als was heute Krieg für uns bedeutet. Wenn beide Gegner Materialisten sind und den Glauben haben, daß sie den Gegner in die absolute Vernichtung hineinschicken, wenn sie töten, so bedeutet ihr Kampf ein gegenseitiges Morden. Das furchtbare Gesicht des Mordes haben unsere Kriege bekommen, weil sie aus dem Materialismus heraus jede Menschlichkeit, jeden geistigen Sinn verloren haben. Für das Rittertum des Mittelalters und noch mehr für die früheren Völker war der Krieg, war der Tod in der Schlacht nur ein Durchgang in die geistige Welt. Daß man durch den Tod nicht sterbe, sondern in eine geistige Daseinsform übergehe, war jedem durch das alte Hellsehen völlig selbstverständlich. Man erschlug den Gegner nicht, um ihn zu vernichten, sondern um die eigene Macht auf der Erde zu bewahren beziehungsweise die des Gegners zu erobern. Der Tod in der Schlacht bedeutete höchste Ehre für den Mann. *Wie* man in die geistige Welt eintrat, darauf kam es an. Auf den Mut, auf die völlige Nichtachtung des Sterblichen, des Körperlichen, auf die Stählung der Ich-Kräfte im Anblick des Todes, darauf kam es an in der Haltung des Kämpfers. Diese Haltung tritt im allerhöchsten Maße bei den Geistesrittern auf. Sie bringen ein Opfer, das im Ganzen des Weltenfortschrittes sinnvoll ist.

Der Zeremonienmeister, der sich als ein sehr gefühlsbetonter, ja emotioneller Mensch erweist, fragt nun empört, ob denn der Bund auch Menschen in seiner Mitte dulden dürfe, die nicht mit vollkommen reiner Seele den hohen Zielen dienen? Der Großmeister antwortet:

Es wägt allein das Gute in den Seelen,
Wer hohem Werke sich gewidmet,
Und läßt das Schlimme seine Sühne finden
Im Lauf der Weltgerechtigkeit.

Eine ganz großartige Haltung zeigt der Großmeister auch hierin. Er sagt, daß er, der die Verantwortung für das Leben der Ritter in der Burg trage, nur auf die Kräfte zu schauen habe, die den Zukunftzielen der Menschheit dienen können. Das Schlimme aber, was der einzelne Mensch begangen habe, das sei gleichsam nicht seine Sache, sondern die Sache der Weltgerechtigkeit. Er beschränkt seine Autorität auf die Kräfte, die der einzelne Ritter den Zielen des Bundes entgegenbringt, freiwillig. Was er aber an Unrecht begangen hat, das will der Großmeister nicht richten. Dafür ruft er die Autorität eines höheren Richters an. Wieder beweist er sich als ein Mensch, der vollkommen demütig dem Geiste der Welt hingegeben ist. Er bricht nun das Gespräch ab, indem er fortfährt:

Ich habe euch, ihr Brüder, jetzt zu mir gerufen,
Um euch in unsern Trauertagen
Mit ernstem Worte zu erinnern:
Daß freudig uns geziemt zu sterben –
Für unsre Ziele, denen lebend uns zu weihn
Wir treu gelobet haben.
Ihr seid im rechten Sinne meine Brüder,
Wenn mutig widerklingt in euren Seelen
Des Bruderbundes Weihespruch:

Er spricht nun in diesem Weihespruch des Bruderbundes das eigentliche Geheimnis der esoterischen Schulung aus, den Geist der Exerzitien, über den die Meister der Zeremonie mit zu wachen haben. Er spricht nicht über das Lehrgut, das die Präzeptoren vertreten.

«Es muß sein Sondersein und Leben opfern,
Wer Geistesziele schauen will
Durch Sinnesoffenbarung;
Wer sich erkühnen will,
In seinen Eigenwillen
Den Geisteswillen zu ergießen.»

Wir wissen bereits, daß die Ritter sich mit der Naturwissenschaft befassen und daß sie die Offenbarungen der sinnlichen Welt sehr genau kennen. Aber ihre naturwissenschaftlichen Studien führen sie allein dahin, Geistesziele zu schauen. Eigentümlicherweise ist die Vorbereitung für diese Geisterkenntnis nicht ein Üben auf erkenntnismäßigem, auf intellektuellem Felde. Sondern es heißt, daß die Übung dafür ist, sein Sondersein und sein Leben zu opfern. Wer in der Erkenntnis zum Schauen der Geistesziele durch die Offenbarung des Sinnlichen hindurch dringen will, der muß sich erkühnen, in seinen eigenen, persönlichen Willen den objektiven, den für die ganze Welt bedeutenden Willen zu ergießen. Es zeigt sich also, daß die Schulung des Bundes für die Erkenntnis eine Willensschulung ist. Nur wer seinen Willen in dieser selbstlosen Weise opfernd bildet, kann Erkenntnis erringen. Wir wissen, wohl gemerkt, über den eigentlichen esoterischen Inhalt des Ritterbundes an dieser Stelle des Dramas noch nichts. Aber wir erfahren den Kern seiner esoterischen Schulung. Und diese ist eine Willensschulung.

Nun erhebt der 1. Präzeptor, als der erste der Lehrer, die das Lehrgut des Bundes verwalten, seine Stimme. Er bekräftigt seine völlige Übereinstimmung mit dem Inhalte des Weihespruchs. Wogegen er sich aber mit seiner Frage wendet, ist die Tatsache, daß die Gegner der Ritter nicht nur diese berauben und töten, sondern daß sie den geistigen Inhalt, der auf Menschen außerhalb der Burg geflossen ist, auch zerstören können. Es gibt Menschen im Umkreise der Burg, die im Bergwerk arbeiten, die ihre Weltanschauung von den Rittern erhalten haben, die in ihrer Seele ganz aus der Geistigkeit des Ritterbundes leben, und diese Menschen werden ihnen nun geraubt. In diesem Präzeptor, dem ersten der Lehrer des Ritterbundes, erkennen wir die frühere Verkörperung des Professor Capesius. Es wird sich zeigen, daß diese Frage nicht eine allgemeine ist, sondern eine ganz persönlich gefärbte.

Der Großmeister antwortet, indem er den Blick wieder auf spätere Erdenleben dieser Menschen lenkt. Gewiß werde alles sterben, was im Augenblick in diesen Seelen von den geistigen Früchten des Ritterbundes lebe. Aber in einem neuen Erdenleben würde das Licht, das jetzt in diesen Seelen entzündet sei, sich durch ihre Werke dann in der Welt verwirklichen. Er beschließt seine Rede mit den Worten:

> So spricht zu meinem Geiste oft
> Der große Führer aus dem Totenreich,
> Wenn ich in meinen stillen Stunden
> In meine Seelengründe tauche
> Und Kräfte mir erwachen,
> Zu weilen in dem Geisterlande.
> Ich fühle dann des Meisters Gegenwart
> Und höre seine Worte,
> Wie ich im Sinnesleben
> Sie oftmals hören durfte.
> Er spricht von unsres Werkes Ende nicht;
> Nur von Erfüllung unsrer Ziele
> In spätren Erdentagen.

Damit verläßt der Großmeister mit dem 2. Präzeptor, der bisher geschwiegen hatte, und dem 1. Zeremonienmeister, der Wiederverkörperung des Theodosius, den Raum. Man kann sich als Zuschauer ja nicht dem Eindrucke verschließen, daß der Großmeister in einer Art sich äußert, die eine Seele erleben läßt, die vollständig in dem Geiste der Welt ruht. Und was er spricht, vermittelt unaufhörlich diese Geistigkeit. Was antwortet der 1. Präzeptor?

Er spricht von Geisteswelten in der gleichen Art
Wie andre Menschen über Dörfer oder Städte –
Bedrückend find' ich diese Art,
Wie unsre höchstgeweihten Brüder
Von andern Daseinsreichen sprechen.
Und doch bin ich ganz streng verbunden
Mit allen unsern Erdenzielen.

Was also ist geschehen? Der Großmeister spricht von geistigen Welten auf eine rein geistige Art. Und der erste Lehrer des Bundes erlebt daran nur Materielles. Und gegen das, was seiner Empfindung nach eben nur materiell, nur geistlos und unbedeutend ist, empört sich seine Seele. Er kann das Geistige in der Rede des Großmeisters überhaupt nicht hören! Und rasch versichert er aber, daß er mit allen Erdenzielen ganz streng verbunden sei. Also das, was in die Erdenpraxis geht, das schätzt er wohl, damit fühlt er sich verbunden. Aber für den geistigen Gehalt der Worte ist er völlig taub. Was liegt da vor?

Der 2. Zeremonienmeister antwortet ihm auf die folgende Weise:

Ich halte mich an unsrer Meister Worte:
Wer nicht mit vollem Glauben
Die Kunde kann vernehmen
Von Geist und Geisteswelten, –
Ihm fehlt es nicht an Fähigkeit,
Zu fassen solche Offenbarung.
Es fehlt ganz andres ihm.
Daß er nicht wert sich fühlen darf
Der höhern Welten Glied zu sein,
Er ahnt es wohl, doch möcht' er sich's verbergen.
Die Seele muß geheime Flecken haben
Und sich darüber täuschen wollen,
Wenn sie sich nicht dem Geisteswissen beugen will.

Dieser Mann, der vor allem verantwortlich ist für den Schulungsweg der Ritter, er hält sich lediglich an das Wort der Meister und führt dieses durch. Der Weihespruch des Bruderbundes lebt in ihm vollkommen rein und klar. Darum ist es ihm auch völlig klar, ohne daß er von der Persönlichkeit des 1. Präzeptors ein näheres Wissen zu haben scheint, daß die Art des Unverständnisses nicht aus der Intelligenz herrührt, sondern aus dem moralischen Wesen. Die Seele muß geheime Flecken haben. Und diese Trübung in der Gemüts- und Willenssphäre, die macht es unmöglich, sich dem Geisteswissen zu beugen. – Wer ist dieser 2. Zeremonienmeister? Es ist die frühere Verkörperung des Romanus aus dem 1. Bilde des ersten Dramas. Dieser Mann fühlte den Geist des Lebens in der Tätigkeit, in seinem Wirken in der technischen Welt der Industrie. Dort erlebte er die Lebensmächte. Diesen Mann erkennen wir jetzt in diesem Zeremonienmeister wieder, in dem der Weihespruch des Bundes, das Geheimnis der Lebensführung in vollkommener Hingabe und Reinheit lebt. Und aus dieser Lebensführung heraus spricht er sein Urteil aus. Damit gehen der 1. Präzeptor und der 2. Zeremonienmeister ab. Der zweite Auftritt beginnt.

Es treten sich gegenüber der 2. Präzeptor, in dem wir die frühere Verkörperung des German erblicken, und der Mönch, die Verkörperung der Maria, der Vertreter jener Gegnerschaft, von der der Großmeister gesprochen hatte, durch welche dem Ritterbunde Tod und Vernichtung droht. Gegenstand des Gesprächs ist es, daß die Kirche das Grundstück zurückerstattet haben möchte, auf welchem der Bund das Bergwerk eingerichtet hat. Die Kirche hatte das Grundstück in völlig wüstem Zustande verkauft, da es ihr unbekannt war, daß in den Tiefen reiche Schätze verborgen lagen. Es weist wieder auf die naturwissenschaftliche Fähigkeit der Ritter hin, daß sie diese entdeckten. Nun möchte die Kirche das so genützte Grundstück zurückerstattet haben mit dem Einwand, es sei nicht rechtens gewesen, damals dieses Grundstück so zu erwerben. Der Ritter wendet ein, daß das Grundstück ganz sicher dem Bunde zu Recht gehöre, da er allein die Bodenschätze entdeckt und nun zutage gefördert habe. Der Mönch beharrt auf dem Recht der Kirche. Er geht auf die konkreten Gegebenheiten überhaupt nicht ein. Man muß den Eindruck haben, daß sein absoluter Glaube in die gerechte Sache der Kirche ihn ganz allgemein die Ansicht vertreten läßt, daß das Recht der Kirche unantastbar ist. Es kommt zu keiner Einigung, und der Ritter macht dem Mönch klar, daß das Bergwerk und die Burg nur durch Kampf zu erlangen sei. Das heißt nur durch Raub. Der Mönch bricht damit die Unterhandlung ab und bittet um ein Gespräch mit dem Großmeister. Der Präzeptor verspricht, dieses sogleich zu vermitteln. Das ganze Gespräch ist Kampf. Kampf von Seele zu Seele. Man hat den Eindruck, daß beide Seiten Freude an diesem Kampf haben, daß sie ihr Ich-Erlebnis in so einem Kampfe finden. Keiner von beiden weicht im geringsten aus. Der Krieg, der von beiden Mächten geführt wird, tritt in diesen beiden Vertretern offen zutage. Nachdem der 2. Präzeptor den Raum verlassen hat, findet sich der Mönch alleine und spricht:

O daß mein Amt mich zwingt,
Die Räume des verhaßten Bundes zu betreten.
Es trifft mein Blick nach allen Seiten
Auf Teufelszeichen und auf Sündenbilder.
Ein Grauen will mich fast ergreifen ...
Es knistert – oh, es poltert durch den Raum;
Ich fühle wie von bösen Mächten mich umgeben.

Man fühlt die innere Seelengewalt des Krieges, der hier geführt wird, in dieser Angst des Mönches. Die geistigen Kräfte des Ritterordens attackieren ihn auf die furchtbarste Weise. Aber auf eine sehr seltsame Weise. Denn er hört, daß es durch den Raum knistert, ja, daß es poltert. Von bösen Mächten fühlt er sich umringt. Und er ruft die guten Geister an, ihn zu schützen, denn er fühlt, daß der Widersacher selber ihm entgegentreten will. Und was geschieht? Wer erscheint seiner geistigen Schau? Es ist der Geist des Benedictus, der etwa fünfzig Jahre vorher gestorben ist. Es geschieht nun etwas ganz Ähnliches, wie der Großmeister es im ersten Auftritt von seiner Verbindung mit seinem Großmeister des Ordens berichtet hat. Mit dem Unterschied, daß der Großmeister seinen Meister intim im physischen Leben gekannt hat, der Mönch zu dem Geiste des Benedictus, der die Zierde des Ordens genannt wird – der Mönch trägt das Gewand des Dominikanerordens – nur auf geistige Weise verbunden ist, das heißt durch das Studium des Werkes und auf unmittelbar geistige Weise durch die Inbrunst des Gebetes. – Der Geist des Verstorbenen teilt nun auf diese geistige Weise dem Mönche das Folgende mit:

Du bist im Hause eines Bruderbundes,
Den deine Seele böser Ketzerei beschuldigt.
Er scheint zu hassen, was wir lieben;

Und zu verehren, was uns Sünde dünkt.
Es halten unsre Brüder sich verpflichtet,
Den Untergang der Geistessünde zu befördern.
Sie können sich dabei auf jene Worte stützen,
Die ich im Erdensein gesprochen.
Sie ahnen nicht, daß diese Worte
Sich lebend nur erzeugen können,
Wenn sie im rechten Sinne fortgebildet werden
Von jenen, welche meiner Arbeit Folger sind.

Der Geist des Benedictus spricht also die Kampfsituation mit dem Ritterbunde aus, wie er mit der Kirche besteht, und daß seine eigenen Worte ganz besonders diesen Kampf stützen können, wenn sie unmittelbar so genommen werden, wie sie dem Buchstaben nach überliefert sind, daß aber das tiefere Leben dieser Worte sich darin nicht mitteilt. Man bedenke nur, daß hier etwas ganz Ähnliches gesagt wird, wie der 1. Präzeptor es erlebt hat. Und Benedictus fährt fort:

So lasse du in deiner Seele
Im Sinne einer neuen Zeit erstehen,
Was ich auf Erden habe denken dürfen.

Der Mönch wird also in die größte Gewissensnot, in die größten Zweifel hineingetrieben, da er das Werk, das er in tiefer Ehrfurcht und Treue sicher wörtlich aufgefaßt hat, nun über die Worte hinausgehend erfassen soll. Wie kann er das?

Auch der Geist des Benedictus läßt uns nun wissen, daß der Ritterbund hohen Zukunftzielen hingegeben ist. Diese Ziele werden die Wissenschaft und Lebensführung der Menschheit in Inhalt und Form verwandeln. Und was der Bund heute leistet, das dient dieser Wandlung. Und nun kommt für den Mönch das Erschreckendste. Es wird ihm gesagt:

Nur wenn zum Friedenswerk sich einen will
Das Ziel, dem unsre Brüder dienen,
Mit jenem, dem die Ketzer folgen,
Kann Heil dem Erdenwerden blühn.

Man muß mit dem Mönche fühlen, daß er sich in der verhaßten und gefürchteten Ritterburg befindet, daß er soeben beschlossen hat, den Kampf auf Leben und Tod mit den Rittern zu eröffnen. Und nun wird ihm von seinem eigenen, höchsten Meister geistig gesagt, daß Friede zwischen den Ketzern und der Kirche das einzige ist, was das Erdenwerden in heilvoller Weise fördern wird. In seine zweifelnde, zerrissene Seele hinein dringen Ahriman und Lucifer. Ahriman spricht:

Die weitre Weisung kommt von andern Orten.
Es kann dir leicht nicht scheinen,
Des Vorfahrs Winken zu gehorchen.

Er nennt den Benedictus, die Zierde des Ordens, einen Vorfahren. Er sieht das Geistige herabwirken in eine Art physischer Vererbung. Dann sagt er:

Bedenk', daß er im Reich der Seligkeiten lebt.
Was dort Gebot und Pflicht ersehnt,
Es kann in eurer Gegenwart
Auf Erden nur Verwirrung stiften.
Erheb den Blick zu seinen Höhen,
Wenn du Erbauung suchen willst
Im Glück, das fernsten Erdentagen
Von Weltengeistern wird beschieden sein.

Er verweist die Rede des Benedictus in das Reich der Erbauung. Von zukünftigen paradiesischen Erdenzeiten zu träumen, sei damit möglich. Aber die Beurteilung des irdischen Lebens selbst sei nicht möglich.

Doch willst du jetzt schon richtig wirken,
So laß von dem allein dich führen,
Was dir Vernunft und Sinne lehren.

Ahriman will den Mönch verführen, Glauben und Wissen absolut zu trennen, wie es die Lehre der Kirche auch bestimmt. Der Tote, der im Reich der Seligkeiten lebt, hat nichts zu sagen über die Lebenstatsachen hier. Das soll man seinem Verstand und seinem wachen Sinn überlassen. In diesem Sinne schmeichelt Ahriman nun dem Selbstgefühl des Mönches, indem er ihm sagt, daß er ein sehr guter Inquisitor gewesen sei. Er habe nämlich die Sünden jener Bundesbrüder sehr gut ergründet. Und da diese Leute eben Sünder sind, so muß auch die Zukunftssatzung danach sein. Sie kann nur Irrtum sein. Und nach dieser Logik kann es einen Frieden mit dem Bund nicht geben.

Lucifer schmeichelt dem Mönch auf ganz andere Weise. Er lobt seine Frömmigkeit, die ihn bisher geführt hat. Und er soll nur festhalten, was diese Frömmigkeit ihm bisher an Gedanken gab. Lucifer räumt zwar ein, daß die Zeitenziele sich dauernd wandeln. Aber selbstverständlich dürfen Ketzer diese Zeitenziele nicht aussprechen oder verwirklichen. Sie sind eben Ketzer. Was aber ganz besonders gefährlich sei an diesen Rittern, sei die Tatsache, daß sie den Namen Christi für ihre Sache gebrauchen, die überhaupt nichts mit Christus zu tun habe.

Die Geistesritter sind so unklug nicht; –
Sie sprechen wohl von Christi Wesenheit,
Weil dieser Name alle Tore öffnet,
Die zu den Menschenseelen führen.
Man kann für Christi Gegenbild
Am besten Menschenherzen fangen,
Wenn Christi Namen man dem Bilde gibt.

Lucifer verleumdet den Ritterbund dahingehend, daß er sagt, die Ritter gebrauchten den Namen Christi nur aus gleichsam machtpolitischen Zwecken. Name und Inhalt hätten aber nichts miteinander zu tun. Ahriman packt den Mönch bei seinem Dogma, Lucifer bei seiner Unkenntnis und seinem Haß. In tiefer Seelenverwirrung wendet sich der Mönch zu dem Geiste des Benedictus. Dieser spricht:

Ich kann den rechten Weg dir weisen,
Wenn du in tiefster Seele dich durchdringst
Mit Worten, die ich einst auf Erden sprach.
Und willst du dieser Worte Leben
In jenen Welten dann erstreben,
In welchen du mich jetzt erschauen kannst,
Wird dir der rechte Weg gewiesen sein.

Benedictus hat es schon gesagt, daß nicht der Buchstabe, sondern das innere Leben seiner Worte jetzt maßgebend sei. Diese Worte, ins Innerste der Seele hineingenommen, durchmeditiert, in Andacht verinnerlicht, müssen als ein auf diese Weise neu erstandenes Leben in die geistige Welt des Toten hinaufgehoben werden. Dann erst ersteht Erkenntnis der Wahrheit dieser Worte. Die Ritter des Bundes wurden aufgerufen, Erkenntnis durch Willensschulung zu erringen. Benedictus ruft den Mönch auf, einen spirituellen Seelenweg zu gehen, um Erkenntnis der lebendigen Wahrheit in der Gegenwart zu erkennen.

Es folgt nun das 8. Bild im selben Raume der Burg wie vorher. Wie im ersten Vortrag dargestellt wurde, bildet dieses Bild die Achse der Rückschaubilder. Während das 6., 7. und 8. Bild jeweils drei Auftritte haben, finden wir im 9. Bild vier Auftritte. Damit rückt der erste Auftritt des 8. Bildes in die Mitte der Rückschau. Wovon handelt dieser Auftritt? Es finden sich zum Gespräch der 1. Präzeptor, Capesius, und Joseph Kühne, der Bergwerkaufseher, in dem wir die frühere Inkarnation des Felix Balde erkennen. Kühne bittet seinen Vorgesetzten, den Ritter, um Hilfe in einer persönlichen Sache. Seine Pflegetochter Cilli wird den Bergwerksmeister Thomas heiraten. Wie wir wissen, ist Thomas ein fanatischer Anhänger der Kirche und Schüler des Mönchs. Mit ihm ist auch die Pflegetochter Cilli der Weltanschauung der Ritter entrissen worden. Joseph Kühne, der mit seinem ganzen Herzen und Wesen in dieser Weltanschauung lebt, ist darüber tief besorgt. Er bittet den Ritter um Hilfe. Dieser aber antwortet nur ausweichend, indem er sagt, daß es auf einen Feind mehr oder weniger gegenüber den Rittern nicht mehr ankomme. Da aber wird Joseph Kühne ganz deutlich. Er zieht ein Bündel mit Briefen hervor, als unterstützendes Beweismaterial, und läßt den Ritter wissen, daß er ihn als den wirklichen Vater seiner Pflegetochter erkannt hat. Und deshalb dürfe er ja wohl um die Hilfe des Ritters in dieser ernsten Sache bitten. Der Ritter ist zutiefst betroffen. Seine Reaktion ist nicht gerade sehr groß. Sie ist nicht unbedingt sympathisch. Er sagt:

Mein lieber Kühne, ihr erwieset euch stets treu.
Ich möcht' auf euch auch weiter zählen können.
Es wird doch in und außer diesen Mauern
In dieser Gegend niemand hören,
Wie ich zu diesem Mädchen stehe?

Er ist in erster Linie keineswegs um die Seele dieses Mädchens besorgt, sondern um seinen eigenen Ruf. Er sucht den Schein zu wahren. Er verhält sich genau so, wie Lucifer den Mönch glauben machen möchte, daß die Ritter überhaupt sich verhalten. Daß nämlich der Anspruch nach außen mit der inneren Wahrheit in der Seele bei diesen Rittern keineswegs übereinstimmt. Der 1. Präzeptor des Bundes bekräftigt gleichsam Lucifers Verleumdung des Ritterbundes durch sein Verhalten.

Der 1. Präzeptor entläßt Joseph Kühne mit der Bitte, am nächsten Tage wiederzukommen. Jetzt, alleine, spricht er im Monolog schonungslos aus, was er bisher verschwiegen hat.

Wie grausam sich mein Schicksal doch erfüllt!
Im Elend ließ ich Weib und Kind,
Weil ich als Fesseln sie empfand.
Die Wege, welche mir die Eitelkeit gezeigt,
Sie führten mich in diesen Geistesbund.
Ich habe mit den Worten, die erhaben klingen,
Dem Werk der Menschenliebe mich verpflichtet.
Ich konnte dies, mit jener Schuld beladen,
Die aus der Liebe Gegenteil entsprungen.

Gerade dies ist es, was Lucifer ausspricht. Gerade aus dieser Haltung heraus geschieht die erste Reaktion auf die Enthüllung durch Joseph Kühne. Nun aber erkennt der 1. Präzeptor die Weisheit der Menschenführung durch den Bund.

Des Bundes weise Menschenführung,
Sie hat an mir sich klar gezeigt.
Er hat in seine Mitte mich genommen
Und seine strengen Regeln mir gegeben.
Ich sah zur Selbsterkenntnis mich gezwungen,
Die wohl auf andern Lebenspfaden
Mir ferne hätte bleiben müssen.
Als dann durch Schicksalsfügung
Der Sohn in meine Nähe kam,
Vermeinte ich, daß hohe Mächte mitleidvoll
Den Weg zur Sühne mich erkennen ließen.
Ich wußte längst, daß Kühnes Pflegekind
Die Tochter ist, die ich verlassen habe.

Die strengen Regeln des Bundes, also das, was die beiden Zeremonienmeister vertreten gegenüber den beiden Präzeptoren, die das Lehrgut des Bundes vertreten, diese Regeln, diese Willensübungen haben ihn zur Selbsterkenntnis gezwungen. Der Willensweg des Bundes, der Weg der Selbstlosigkeit, des Sich-selbst-Opferns an den Geisteswillen haben diesen Menschen zur Selbsterkenntnis und zum Willen zur Sühne geführt. Nicht aber zur Erkenntnis der Geistesziele im Erdendasein. Er hat nur die Erdenziele des Bundes begriffen. Der esoterische Weg führte den 1. Präzeptor, die Seele des Capesius, zu sich selbst. Die treibenden Kräfte dieses Weges waren einerseits der Geistesweg des Bundes, andererseits die Schuld. Das Erkennen der Schicksalsschuld aufgrund von errungenen Geisteskräften und der Wille zur Sühne werden also im Mittelpunkt der Rückschau geschildert. Selbsterkenntnis steht im Mittelpunkt.

Der 1. Präzeptor erkennt, daß er des Todes, wie der Großmeister ihn vor die Brüder hingestellt hat, nicht würdig ist. Keineswegs aus Todesfurcht oder Kleinheit der Seele. Es zeigt sich, daß die Ritter in diesem Tod einen wirklichen Geistesweg erblicken, der eine höchste Ehre, eine höchste Auszeichnung im Dienste der Zukunft für sie bedeutet. So bekennt er, daß er längst dem Meister seine Lage enthüllt hat und um den Austritt gebeten hat, um sich dann seinen Kindern zu widmen. Er erkennt deutlich, daß die Blutsbande Bruder und Schwester zusammengeführt haben; daß aber durch seine Schuld die Blutsbande zwischen Vater und Sohn gelockert worden sind. In dieser Schuld sieht er auch den Grund, daß die Blutsbande nicht vermocht haben, den Sohn dem Mönch zu entreißen. Und da beide Kinder sich aus dem Geisteskreis der Ritter vollkommen entfernt haben, sieht er klar, daß ein weiteres Zusammenleben mit diesen Kindern nicht mehr möglich sein wird. Alles, was ihm übrig bleibt zu tun, ist, den beiden den wahren Sachverhalt aufzudecken. Wir sehen damit den 1. Präzeptor einem ferneren Leben entgegengehen, das von Hoffnungslosigkeit gegenüber seinen Kindern und von dem erdrückenden Gefühl seiner Schuld und Schmach gegenüber dem Geistesbunde gezeichnet ist. Der Rest dieses Lebens ist eigentlich von Verzweiflung wie erdrückt. Etwas anderes kann man am Ende dieses Monologes nicht empfinden.

Der nächste Auftritt zeigt uns den Großmeister im Gespräch mit dem Juden Simon. Der Großmeister bestimmt, daß der Jude Simon die Burg nicht mehr verlassen kann, da er von der feindlich gesinnten Bevölkerung bei seinem letzten Arztgange so schlimm zugerichtet worden ist. In weiteren Worten entwickelt der Großmeister, daß dieser äußere Krieg nur das Abbild eines Krieges sei, der im Innern der Menschen stattfinde:

Der Kampf, den unsre Gegner uns bereiten,
Ist nur ein Bild des großen Krieges,
Den eine Macht im Herzen unaufhörlich
Aus Feindschaft gegen andre führen muß.

Simon ist von diesen Worten tief getroffen. Denn in ihm selbst, in seinem eigenen Herzen findet dauernd ein solcher Krieg statt. Und in diesem inneren Krieg drückt sich *die* Frage seines Lebens aus. Simon ist Naturforscher. Wenn er die Natur durchwandelt, beobachtet und betrachtet er die Erscheinungen der Natur mit außergewöhnlicher Wachheit. Er ist kein Träumer. Immer wieder aber geschieht es ihm, daß sich dann eine innere Erscheinung vor seine Seele stellt, die mit genau derselben Gewalt vor ihn tritt, wie ein Baum, ein Feld oder eine Blume vor die Sinne tritt. Es ist die Gestalt eines Menschen von überirdischer Schönheit und Güte. Diese Gestalt reicht ihm immer wieder liebevoll die Hand hin. In ihren Zügen drückt sich ein unsäglicher Schmerz aus. Simon fühlt jedesmal sein ganzes Wesen von der Schönheit, von dem Adel dieses

Menschen tief ergriffen, noch viel mehr von seinem Schmerz – und doch geschieht es jedesmal, daß ein wilder Zorn aus seinem Inneren aufsteigt und er, ohne jede Gewalt über sich selbst, dann diese Hand von sich stößt. Sobald die Besonnenheit zurückkehrt, ist die Gestalt verschwunden. Die Tragik ist, daß Simon diese beiden Sphären nicht miteinander in Harmonie bringen kann. Es geschieht eigentlich genau das, was am Ende des 7. Bildes Ahriman dem Mönche einflüstert: Die Sphäre der geistigen Eindrücke und die Sphäre der Sinnes- und Verstandeswelt vollkommen voneinander zu trennen. Diesen Zustand erleidet Simon unaufhörlich.

Er berichtet nun weiter, daß er diesen Krieg auch dort fühlt, wo er die Lehren des Ritterbundes aufnimmt und sie doch nicht mit seinem eigenen Leben verbinden kann. Jetzt erfahren wir zum ersten Mal etwas von dem esoterischen Lehrgut des Ritterordens:

Wenn ich mir dann im Denken wiederhole,
Was sich mir oft im Geiste vorgestellt,
Dann tritt mir der Gedanke vor die Seele,
Der mich im tiefsten Herzen kann erschüttern.
Zu euren Lehren fühl' ich mich gezogen,
Die von dem Geisteswesen offenbaren,
Das aus dem Sonnenreiche niederstieg
Und, durch des Menschen Sinnenform erscheinend,
Begreiflich wollte Menschenherzen werden;
Verschließen kann ich mich der Schönheit nicht,
Die eurer edlen Lehre eigen ist –
Und kann ihr doch die Seele nicht ergeben.
Ich muß des Menschenwesens Urgestalt
In eurem Geisteswesen wohl erkennen;
Doch hält mich trotzig ab mein Eigenwesen,
Wenn ich mich gläubig an sie wenden will.
So muß ich in mir selbst den Krieg erleben,
Der aller äußern Kämpfe Urbild ist.

Zu dem Gedanken der Reinkarnation des Menschengeistes fügt sich hier hinzu die Lehre von dem kosmischen Christus, der von der Sonne niedersteigend während dreier Jahre auf der Erde gewandelt ist. Zu der Lehre von dem ewigen Menschengeiste, der durch die wiederholten Erdenleben schreitet, tritt hinzu die Lehre von der Urgestalt des Menschenwesens, dem kosmischen Christus. – Und Simon spricht die tiefe Sorge aus, daß dieser Zweifel sein ganzes Leben durchziehen könnte, ja, daß er noch durch seine künftigen Erdenleben ziehen könnte. Der Großmeister antwortet ihm daraufhin, daß er ein Bild geschaut habe während der Erzählung Simons, in dem sich Weltenziel und Menschenschicksal verbunden hätten. Damit schließt die Szene.

Der dritte Auftritt stellt ein Gespräch dar zwischen dem 1. Zeremonienmeister (Theodosius) und dem 2. Zeremonienmeister (Romanus). Auf seine emotionelle Weise von neuem aufgebracht, stellt der 1. Zeremonienmeister die kritische Frage, wie es denn möglich sei, daß der Großmeister den Feinden mit solcher Milde begegne, und diese nicht einmal wüßten, was überhaupt der Inhalt der Lehre der Ritter ist. Trotzdem aber verurteilten sie sie als Ketzer und als Teufelsdiener. Wie schon im vorigen Bild beweist der 2. Zeremonienmeister sein vollkommenes Einssein im Willen mit den Lehren des Bundes. So führt er auch die Milde des Meisters auf diese Lehre zurück. Er entgegnet, Verständnis für alle Menschen verlange die Satzung des Bundes und so müsse dies Verständnis auch den Gegnern entgegengebracht werden. Unter diesen seien viele Menschen, die wahrhaft nach dem Vorbilde des Christus lebten. Aber auch diese könnten die Lehre niemals aufnehmen, da sie äußeren Ohren nicht zugänglich ist. Und er erinnert den 1. Zeremonienmeister, daß auch er selbst sich lange nicht dem Geistgehör habe öffnen können. Wieder wird klar gesagt, daß der Inhalt der Lehren auf intellektuelle Weise überhaupt nicht zu fassen ist. Erst die moralische Übung eröffnet das erkenntnismäßige Begreifen. An dieser Stelle erfahren wir jetzt, was die Zukunftsziele des Bundes sind:

> Wir wissen aus der Meister Offenbarung,
> Wie künftig Menschen durch das Geisteslicht
> Das hohe Sonnenwesen schauen werden,
> Das einmal nur im Erdenleibe wohnte.
> Wir glauben freudig an die Offenbarung,
> Weil wir vertrauensvoll den Führern folgen.

Was die Seherin Theodora im 1. Bilde des ersten Mysteriendramas als neue Christus-Offenbarung ausspricht, das wird von dem Ritterbunde vorausgeschaut. Der Mönch baut aufgrund der Lehren der Kirche auf den Christus, der im Jordan getauft und auf Golgatha gekreuzigt wurde und auferstand. Die Ritter sprechen von der Sonnenherkunft des Christus und von seinem Wiedererscheinen als geistige Wesenheit. Um aber dieses jetzt schon prophetisch schauen zu können, dafür müssen die Seelen erst heranreifen. Und dieses Reifen erfordert zwei Prüfungen.

Die erste Prüfung beinhaltet die Anerkennung der Reinkarnation. Die zweite Prüfung beginnt danach, und zwar in dem Augenblicke, wenn, hervorgerufen durch die Anerkennung der Reinkarnation, der *Eigenwahn* sich über die Seele legt und das Geisteslicht verdirbt. Die zweite Prüfung entsteht dadurch, daß der Inhalt der ersten durch Eigenwahn wieder verdorben wird.

Erforscht in stillsten Andachtstunden oft,
Wie dieser Wahn, als Seelenungeheuer,
Gefährlich wird dem Pfad des Geistessuchers.
Wer ihm verfällt, der möchte Menschensein
Auch dort erblicken, wo der Geist allein
Dem Geisteslicht sich offenbaren will.
Wenn ihr euch würdig wollet vorbereiten,
Das Weisheitslicht von Christi Wesenheit
In euer Seelenauge aufzunehmen,
So müsset ihr euch sorgsam selbst bewachen,
Daß Eigenwahn euch nicht befallen mag,
Wenn eure Seele ihn am fernsten glaubt.

Es besteht also die Gefahr, daß gerade durch den Einblick in das Geheimnis der Reinkarnation der Hochmut, der Eigenwahn sich bildet, das Menschliche für das allerwichtigste zu halten. Eine Art neuer Materialismus befällt die Seele, und sie vermag nicht mehr den Geist im Geisteslichte zu erfassen. Die erste Prüfung beinhaltet also eine Lehre. Die zweite Prüfung beinhaltet eine Schulung. Wir sehen wieder, wie Aufgaben der Präzeptoren abgelöst werden von Aufgaben der Zeremonienmeister. – Wer aber dies begreift, der weiß auch, daß der esoterische Inhalt der Lehren überhaupt nicht ohne weiteres vermittelt werden kann. Er ist ein offenbares Geheimnis. Der Inhalt dieser Lehren erschließt sich erst der Willensschulung. Was allein geschehen kann in der Gegenwart, ist, Keime in den Menschenseelen zu pflanzen, die in späteren Leben aufgehen werden.

Ich kann in vielem Haß, der uns verfolgt,
Den Samen spätrer Liebe nur entdecken.

Diese Seelengröße beweist der 2. Zeremonienmeister aufgrund seiner Schulung. Der 1. Zeremonienmeister sieht mehr oder weniger ein, daß also die Ziele des Bundes nicht wirklich mitgeteilt werden können. Aber er findet es außerordentlich schwierig, das Leben in der Gegenwart schon ganz diesen Zielen zu widmen. Darum befindet er sich immer in diesem gefühlsmäßigen Aufruhr. Und wieder antwortet der 2. Zeremonienmeister:

Auch darin folg' ich meines Meisters Worten.
Es ist der ganzen Menschheit nicht verliehn,
Der Erden Zukunftsein voraus zu leben.
Doch müssen solche Menschen stets sich finden,
Die spätrer Tage Wesen schauen können
Und die ihr Fühlen jenen Kräften weihn,
Die alles Sein der Gegenwart entreißen
Und für die Ewigkeit bewahren wollen.

Aus diesen letzten Worten erst verstehen wir das Wesen und Sprechen des Großmeisters wirklich. Er spricht wirklich aus der Perspektive der Ewigkeit, weil er sein Fühlen dem Sein der Gegenwart entrissen hat. Es führt aber auch in die Tiefe und Gewalt der Satzung des Bundes hinein, wenn wir sehen, wie kräftig Erdenziele, wie zum Beispiel das Bergwerk, verfolgt werden, aber nur aus der Weite geistiger Erkenntnis, aus der Weite geistiger Überschau heraus gehandhabt werden. Die ganze Macht des Impulses, dem die Ritter dienen, wird erst jetzt im letzten Gespräch offenbar.

Wir haben zweimal drei Auftritte durchschritten. Im ersten Auftritt des 7. Bildes haben wir die inneren Lebensverhältnisse des Ritterbundes kennengelernt. Wie Böses und Gutes, wie Sondersein und Weltenziel zusammenhängen, haben wir erfahren. Im ersten Auftritt des 8. Bildes haben wir erlebt, wie der 1. Präzeptor sein Geistesstreben und seine Schuld, Gutes und Böses, persönliche Selbsterkenntnis und Erkenntnis der weisen Lebensführung des Bundes in sich vereint und nicht vereint findet. – Im zweiten Auftritt des 7. Bildes schauen wir dem Kampf zu, wie er auf der Erde, physisch von Kirche und Ritterbund geführt wird. Im zweiten Auftritt des 8. Bildes erfahren wir von dem inneren Krieg, den im Herzen Simons eine Macht mit der anderen führt. – Im dritten Auftritt des 7. Bildes erleben wir den Geisteskampf zwischen der Weltanschauung der Kirche und der Weltanschauung des Ritterbundes. Irdisches und kosmisches Christentum werden einander gegenübergestellt. Im dritten Auftritt des 8. Bildes lernen wir verstehen, warum beide Weltanschauungen sich nicht ohne weiteres vereinigen können. Wir lernen aber auch erkennen, was die Zukunftziele des Ritterbundes sind und auf welche Weise ihnen entgegengestrebt werden kann. –

Die Bilder, die jetzt gegenübergestellt worden sind, führen jeweils aus einem mehr äußerlichen zu einem verinnerlichten, von einem mehr allgemein gültigen Lebensbild zur Individualisierung, von bloßer Anschauung zum inneren Verstehen.

Wie in den früheren Bildern finden wir auch hier in dem 7. und 8. Bilde jeweils drei Schritte dramatisiert. Im 7. Bilde stellen sie sich folgendermaßen dar: Zuerst werden die inneren Lebensverhältnisse des Ritterbundes im Spannungsfeld von Gut und Böse dramatisiert. Der zweite Schritt stellt den seelischen Kampf der beiden Mächte, Kirche und Ritterbund, dar. Im dritten Auftritt erleben wir die geistige Auseinandersetzung dieser beiden Mächte, zum ersten und einzigen Male in der Rückschau ins Geistgebiet sich erhebend, aus welchem der Geist des Benedictus spricht. Das Bild erhebt sich damit in die geistige Sphäre des Sonnentempels.

Die drei Schritte des 8. Bildes stellen sich folgendermaßen dar: Der 1. Präzeptor wird durch seinen Lebensweg und durch die Gestalt des Joseph Kühne zur Schulderkenntnis geführt. Damit taucht er in die Untergründe seines Lebens ein, was durch die Szene der Rückschau im ganzen des Dramas geschieht. Im zweiten Auftritt stellt Simon dem Großmeister den inneren Kampf, den inneren Krieg dar, welcher in seiner Seele stattfindet. Im dritten Auftritt bringt der 2. Zeremonienmeister (Romanus) die geistige Auseinandersetzung zwischen Kirche und Rittertum zum inneren Verständnis. Aus der Reinheit seines Willens offenbart sich uns das esoterische Geheimnis der Christus-Zukunft, der Zukunft des Menschen auch. Wir sehen, wie in den beiden Zentralbildern der Rückschau das ganze Drama in seiner Kräftegestalt sich offenbart.

Das Erwachen aus dem übersinnlichen Schauen zurück ins Gegenwartsbewußtsein. Das 9. und 10. Bild

Wir haben in den letzten Bildern gesehen, wie der Erkenntnisweg des Ritterbundes seine eigentliche Grundlage in einer Willensschulung findet, in einer Ausbildung der seelischen, der moralischen Kräfte. Der Mönch befindet sich durch die Belehrung des Geistes des Benedictus auf einem verwandten Schulungsweg. Das schwankende Gleichgewicht zwischen Erkennntnis- und Willensweg offenbart sich die Kräfte von Gut und Böse. Im dritten Auftritt des 7. Bildes traten diese Kräfte wesenhaft vor uns hin: In dem Geiste des Benedictus und in Ahriman und Lucifer.

Das 9. Bild führt uns zurück auf die Waldwiese wie im 6. Bilde. Wir finden dort den Bergaufseher Joseph Kühne mit seiner Frau und beider Tochter Berta. Berta ist also die wirkliche Tochter der Kühnes und Cilli ist die Pflegetochter. Berta äußert den Wunsch, ein Märchen von der Mutter erzählt zu bekommen, und zwar ein Märchen, das der Vater aus der Ritterburg mitgebracht hat. Zum ersten Mal erfahren wir, auf welche Weise die Ritter ihre esoterische Weisheit den Menschen außerhalb der Burg zugute kommen lassen: nämlich in der Form der Märchen. Durch diese Märchen pflanzen sie in die Seelen jene Keime ein, deren Blüten und Früchte erst in künftigen Erdenleben reifen werden. Joseph Kühne spricht:

Die Märchen sind ein wahrer Seelenschatz.
Was sie dem Geiste geben, bleibt erhalten
Noch über unsern Tod hinaus und wird
In spätern Erdenleben Früchte bringen.
Sie lassen uns das Wahre dunkel ahnen;
Und aus der Ahnung machen unsre Seelen
Erkenntnis, die uns nötig ist im Leben.
Ja, wenn die Leute nur verstehen könnten,
Was unsre Ritter ihnen alles schenken.

Auf eine ganz merkwürdige Weise gewinnt Joseph Kühne Erkenntnis aus diesen Märchen. Er interpretiert sie nicht etwa oder zieht abstrakte Schlüsse aus ihnen. Nein, er empfängt in seiner Seele Ahnungen, und aus diesen Ahnungen macht er Erkenntnis, und zwar eine Erkenntnis, die ihn das Leben meistern läßt. Es ist eine völlig andere Denkungsart als unsere heutige. – Nun äußert Berta den Wunsch, heute die Geschichte von dem Guten und dem Bösen zu hören. Das Thema, welches durch alle mittelalterlichen Szenen zieht, wird nun in einem Märchen zusammengefaßt. Wovon handelt dieses Märchen?

Es wird erzählt von einem Manne, der viel über die Weltendinge nachdenkt. Womit er aber gar nicht fertig wird, das ist das Problem des Bösen. Wie konnte das Böse aus dem Guten entstehen? Gott, der Gute, hat die Welt erschaffen. Wie kann es sein, daß böse Menschen aus dieser Schöpfung hervorgehen? Und der Mann findet keine Antwort. Da trifft er eines Tages auf einen Baum und eine Axt, die im Gespräche miteinander sind. Die Axt sagt zu dem Baume, daß sie etwas tun könne, wozu er nicht fähig sei: sie könne ihn nämlich mit ihrer Schärfe fällen. Da sagt der Baum zu der eitlen Axt, ganz einfach und kommentarlos, daß der Stiel, mit dem die Axt geschwungen werden kann, durch eine andere Axt aus seinem Leibe genommen sei. Er sagt zu der Axt, daß sie vergeßlich und auf eine törichte Weise hochmütig sei. Wie der Mann nun dieses Zwiegespräch gehört hat, da fühlt er in seiner Seele einen Gedanken erstehen, den er zwar nicht in Worten aussprechen kann, den er nicht definieren kann, der ihm aber eine volle Antwort auf seine Frage gibt. – Ganz so, wie Joseph Kühne vorher sagte, daß aus diesen Märchen Ahnungen entstehen, aus denen sich Erkenntnis machen lasse, so geschieht es für uns selber jetzt auch. Eine direkte Antwort auf den Ursprung des Bösen aus dem Guten haben wir nicht erfahren. Aber eine tiefe Ahnung steigt auf, in welcher Weise Gut und Böse verflochten sind. Was der Großmeister zu Anfang in weisheitsvollen Gedanken aussprach, begegnet uns hier als Stimmung, als Ahnung. – Joseph Kühne macht die Bemerkung zu der Geschichte:

> Bedenke die Geschichte, meine Tochter;
> Und sehen wirst du, wie Naturbetrachtung
> Erkenntnis schaffen kann im Menschenkopfe.
> Ich weiß, wieviel ich mir erklären kann,
> Wenn ich die Märchen denkend weiterspinne,
> Durch welche unsre Ritter uns belehren.

Naturbetrachtung, Anregung zur Naturwissenschaft geht von dem Ritterbunde aus. Das hat Kühne aufgenommen. Aber angeregt wird sie durch Märchen. Und was aus der Ahnung aufsteigt, das spinnt Kühne in Gedanken weiter.

Eine ganze Weltanschauung formt sich so in seinem Kopfe aus. Ist das nur Philosophie, nur Naturwissenschaft im heutigen Sinne? Die Tochter Berta, dieses junge Mädchen, gibt uns darauf eine klare Antwort:

Die Cilli spricht gar oft vom frommen Sinn,
Der mir nach ihrer Meinung fehlen soll.
Ich fühle aber rechte Frömmigkeit,
Wenn ich die Märchen mir vor Augen stelle
Und mich an ihnen herzlich freuen kann.

Was von dem Ritterbunde an esoterischen Geheimnissen in der Form von Märchen ausgeht, auch in der Anregung, die Natur zu betrachten, das ist von tiefer Religiosität erfüllt. Es ist eine Frömmigkeit, die zugleich herzliche Freude in sich birgt. Es steht an religiöser Tiefe dem in nichts nach, was durch den Mönch an kirchlicher Frömmigkeit hervorgerufen werden kann.

Nun treten die zwölf Bauern und Bäuerinnen wieder auf. Was sie jetzt miteinander austauschen, ist nicht mehr die Meinung über bös' und gut bei den Rittern oder bei der Kirche. Es ist Aufruhr gegen die Ritter auf der einen Seite und Angst und Sorge vor dem Kriege auf der andern. Aber man steht jetzt unmittelbar vor dem Kampf. Man weiß durch List, wie die Burg verraten und geöffnet werden kann. Man weiß durch prophetische Gabe bereits, daß sie fallen wird. Der 6. Bauer, der auch bei dem ersten Auftritt schon ein gewisses Übergewicht über die anderen zeigt, macht folgende charakteristische Bemerkung:

Die Ritter wollten uns gescheiter machen,
Als unsre Väter waren.
Sie sollen jetzt erfahren,
Wieviel wir klüger sind geworden.
Die Väter haben sie hereingelassen;
Wir werden sie verjagen.
Ich kenne die geheimen Schliche,
Durch die man in die Burg gelangt.
Ich war darin in Arbeit,
Bis mich der Zorn herausgetrieben hat.
Ich will den Rittern zeigen,
Daß Wissenschaft uns nützen kann.

Wir sehen die Wirkung des Ritterordens nach der Seite der Intelligenz, aber nicht so wie bei Kühne, wo das ganze Gemüt von dem moralischen Grunde der esoterischen Anschauungen voll ergriffen ist, sondern wir sehen eine Intelligenzausbildung ohne Moral. Und auf diesem Wege wird die Intelligenz zum Haß, zum Totschlag. Der 6. Bauer zeigt uns das extremste Beispiel der einseitigen Intelligenzausbildung ohne Gemüts- und Willensschulung für das Gute. Aber wir erkennen auch noch deutlicher, daß der Ritterbund Gedankenkräfte in den Menschen erweckt hat, die zur Naturwissenschaft fähig machen können. – Der 6. Bauer sieht den Mönch von weitem herankommen. Er fordert die übrigen Bauern und Bäuerinnen auf weiterzugehen, um den Pater nicht in seinen frommen Betrachtungen zu stören. Er fügt aber hinzu, daß er den Mönch heute zum ersten Mal in seiner Predigt nicht verstanden habe. Früher konnte er ihm so gut folgen. Wir sehen, daß auch das Band zwischen dem Mönch und seiner Gemeinde sich aufzulösen beginnt.

Nun tritt der Mönch selber auf. Er spricht:

Der Seele Wege müssen sich verwirren,
Wenn sie dem eignen Wesen folgen will.
Es konnte nur die Schwäche meines Herzens
Die Wahngestalten mir vor Augen stellen,
Als ich in jenem Hause mich befand.
Daß sie im Streit sich vor mich stellen mußten,
Es zeigt doch nur, wie wenig noch in mir
Die Seelenkräfte sich vereinen können.

Wir erfahren also von ihm, daß er das Erlebnis des Geistes des Benedictus und das Schauen Ahrimans und Lucifers für Wahn hält. Es ist in der Erinnerung keine Realität mehr. Er kann das Erlebnis nicht halten. Es ist ihm entschwunden. Ist damit die ganze Botschaft des Benedictus umsonst gewesen? Nein, aber sie ist in völlig anderer Weise aufgenommen worden, wie wir jetzt aus seinen Worten weiter erfahren:

Ich will deshalb von neuem mich bestreben,
Im Innern mir die Worte zu entzünden,
Die mir das Licht aus Geisteshöhen senden.
Nach andren Wegen kann nur der begehren,
Dem Eigenwahn den Sinn verblendet hält.
Es kann die Seele nur den Trug besiegen,
Wenn sie der Gnade würdig sich erweist,
Die ihr das Geisteslicht aus Liebequellen
Im Weisheitsworte offenbaren will.
Ich weiß, ich finde dich, du edle Kraft,
Die mir beleuchten kann der Väter Lehren,
Wenn ich des Eigendünkels Finsternissen
Mit fromm ergebnem Herzen kann entfliehn.

Wie die Ritter, so sieht auch der Mönch im Eigenwahn den größten Feind der Wahrheit. Er weiß, daß das Geisteslicht sich aus Liebequellen offenbart. Das Weisheitswort ist nicht ein bloßes Erkenntniswort, sondern es ist Licht, das aus den Quellen der Liebe aufsteigt. Um dieses Weisheitswort erfassen zu können, muß eine «edle Kraft» entwickelt werden. Frömmigkeit und Demut des Herzens gehören zu dieser edlen Kraft. Wir sehen also, daß der Mönch zwar den Inhalt der Botschaft nicht als innere Wirklichkeit in der Seele behalten kann, daß er aber die Esoterik des Gemüts- und Willensweges auf das genaueste und mit gestärkter Energie weiterverfolgt. Was von der Erkenntnisseite als Schwäche empfunden werden muß, erscheint auf der moralischen Seite als Stärkung.

Der vierte Auftritt des 9. Bildes und damit der letzte der Rückschau, zeigt uns Cäcilia und Thomas im Gespräch. Sie haben beide durch den wiedererkannten Vater mittlerweile erfahren, daß sie Bruder und Schwester sind. Sie schauen zurück auf die Zeit, in der sie sich kennenlernten. Cäcilia hat ihren Bruder Jahre früher schon durch ein inneres Schauen wahrgenommen. Als er ihr im Leben entgegengetreten war, hatte sie sein Gesicht längst im Geiste schon geschaut. Und so war er ihr bei der ersten Begegnung bereits herzlich vertraut. Darum mußte sie glauben, daß ihr dieser Mensch vom Geiste zum Manne bestimmt sei. Auch Thomas ist der Meinung, daß der Geist sie unmißverständlich zusammengeführt habe. Es war aber nicht der Geist, es war das Blut. Das Blutsband von Bruder und Schwester führte sie schicksalsmäßig zusammen. Diesen Irrtum muß man an dieser Stelle erleben, um voll erfassen zu können, was dann im dritten Mysteriendrama zwischen diesen beiden Menschen geschieht. – Nun kommen beide auf die Gegenwart zu sprechen. Thomas sagt, daß sein Glaube ihn auf das schärfste von den Pflegeeltern und auch vom Vater trenne. Für Cäcilia besteht diese Trennung nur in der Weltanschauung, nicht aber in der Beziehung von Mensch zu Mensch. Thomas bekräftigt aber, daß die Kluft für ihn unübersteiglich sei. Dabei erfahren wir, daß er in früheren Jahren sich mit den Lehren des Ritterbundes auseinandergesetzt hat. Und was fand er da?

> Vorher verwandte ich die größte Mühe,
> Die andre Geistesart mir klarzumachen.
> Ich fand, daß sie in Irrtum führen muß.
> Sie hält sich nur an jene Geisteskräfte,

Die wohl im Erdentreiben sicher führen,
Doch nicht zu höhern Welten führen können.

Thomas erblickt in diesen Lehren lediglich eine Anweisung, mit den Erdendingen fertig zu werden, aber keinen Weg ins Übersinnliche. Cäcilia erlebt genau das Umgekehrte:

Ich bin im Herzen gänzlich abgeneigt
Den äußern Taten dieser Ritterschaft
Und bin dem Glauben treu, der dich erbaut.
Doch niemals konnte ich mich überzeugen,
Daß nicht in Christi Spuren wandeln sollten
Die Menschen, die als ihrer Lehre Ziel
Sich so die Seelenpfade vorgezeichnet.

Cäcilia erblickt durchaus das Geistige, das Tief-Christliche in der Lebensführung der Ritter. Aber mit den äußeren Taten will sie nichts zu tun haben. Wir sehen also zwei Menschen, die keine der esoterischen Lehren der Ritter in sich aufgenommen, die aber jetzt beide im Glauben der Kirche sich gefunden haben. Es ist damit wenigstens ein Anhaltspunkt gegeben, wenn wir durch die Rede der Cäcilia erfahren, durch welche tiefen Schicksalslabyrinthe die Seele sich in halbbewußten und in ganz unbewußten Schichten bewegt.

Am Karfreitag war's, vor vielen Jahren,
Da sah ich auch das Bild, von dem ich sprach.
Es sagte mir zu jener Zeit der Mann,
Der meines lieben Bruders Züge trug:
«Aus Gottessein erstand die Menschenseele;
Sie kann in Wesensgründe sterbend tauchen;
Sie wird dem Tod dereinst den Geist entbinden.»
Erst später ist mir klar bewußt geworden,
Daß dieses unsrer Ritter Wahlspruch ist.

Thomas kann aus seiner jetzigen Verfassung nur das allergrößte Entsetzen empfinden, aus dem Munde der Schwester den «bösen Spruch» der Ritter zu hören. Die dramatische Situation ist von verwirrender Kompliziertheit. Thomas, der den Vater aus Weltanschauungsgründen von sich stößt, erfährt aus dem Munde der geliebten Schwester einen Spruch der Ritter, den die Schwester aufs tiefste mit dem Bruder verknüpft empfangen hat. Die Schwester erlebt in dem Bruder etwas, was auf die intimste Weise mit dem Ritterorden zusammenhängt. Eine furchterregende Spannung muß sich in der Seele des Thomas dadurch erzeugen. Cäcilia schaut in diese innere Spannung und Dissonanz der Bruderseele tief hinein. Sie sagt:

Du folgst in Treue unserm weisen Führer
Und kannst nicht hören, wenn der Liebe Botschaft
So herzlich strömt durch seiner Worte Kraft.
Vor einem dunklen Rätsel fühl' ich mich:
Ich seh' dein gutes Herz und deinen Glauben
Und kann nur schaudernd vor dem Abgrund stehn,
Der zwischen beiden furchtbar sich vertieft.

Thomas aber wendet sich leidenschaftlich den Kräften in seiner Seele zu, die seinem Bewußtsein voll und ganz zugänglich sind. Alles, was aus den geheimnisvollen Herzens- und Willenstiefen sich erheben will, das unterdrückt er. Er sagt:

Es ist dir noch verborgen, liebe Schwester,
Wie zwingend sich Gedankenkraft erweist,
Wenn sie des Menschen Seele ganz ergreift.
Nicht steht der Sohn dem Vater hier entgegen;
Gedanke wendet von Gedanken sich. –
Ich fühle seine Macht in meiner Seele;
Sich ihr zu widersetzen, wäre mir
Des eignen Wesens wahrer Geistestod.

Verzicht auf Gedanken wäre Thomas der wahre Geistestod. Für Johannes Thomasius war Verzicht auf die Liebe zu Maria dasselbe wie ein Tod für Ewigkeiten. Was hier Gedankenleidenschaft, Gedankenfanatismus ist, das wird dort Liebesleidenschaft, Sinnesleidenschaft. Und mit diesem Ruf an die Alleinherrschaft des Gedankens endet die Rückschau.

In vier Bildern sind dreizehn Auftritte an uns vorbeigezogen. Das sind soviele Auftritte, wie das ganze Drama Bilder hat. Was treibt die dramatisch-seelische Bewegung dieser Szenen voran? Schuld und Sühne, Schwäche und Stärke der Seele, Gut und Böse in ihrem immer schwankenden Nicht-Gleichgewicht. Gleichgewicht und Harmonie werden gesucht. Daß sie aber nicht unmittelbar gefunden werden können, schafft überhaupt die dramatische Bewegung, schafft das Streben der Seelen, ja, es schafft das Leben überhaupt. Ohne Disharmonie ist kein Leben. Ohne Streben nach Harmonie ist nur Zerstörung. Wie bauen sich diese vier Bilder der Rückschau mit ihren dreizehn Auftritten auf?

Wir haben gesehen, daß mit Ausnahme des 9. Bildes jedes der Bilder drei Auftritte hat. Der erste Auftritt jeweils dramatisierte ein Lebenselement, der zweite ein seelisches

Ereignis und der dritte eine geistige Auseinandersetzung. Alle Bilder der Rückschau kreisen um das Grundthema von Gut und Böse. Was durch die Rückschaubilder wirklich geschieht im Drama, zeigt sich deutlicher, wenn man die jeweils ersten, bzw. zweiten, bzw. dritten Auftritte zusammen anschaut. Wie wird die Grundthematik von Gut und Böse durch die jeweils ersten Auftritte der vier Bilder metamorphosiert?

In der Bauern-Szene sehen wir das Wirken von Gut und Böse in der Auseinandersetzung zwischen Kirche und Ritterburg zum Ausdruck kommen. Die Meinungen und Lebensverhältnisse dieser Menschen in diesem Gegensatz werden dramatisiert. Der Anfang des 7. Bildes zeigt uns die inneren Lebensverhältnisse der Ritter. Wir erleben die Forderung des Ordens, das Leben für die geistigen Ziele desselben aufzuopfern und dem bevorstehenden Tode freudig entgegenzugehen. Dabei ergeben Schuld und Unschuld individuell verschiedene innere Ausgangs- und Zielpunkte. Zu Anfang des 8. Bildes erkennt der 1. Präzeptor – die vorige Inkarnation des Capesius – seine Lebensschuld und entschließt sich, sein künftiges Leben ganz der Sühne dieser Schuld zu weihen. Zu Anfang des 9. Bildes treten wir wieder in die menschlichen Lebensverhältnisse im Umkreise der Burg ein. Wir erfahren, in welcher Form der esoterische Inhalt des Ritterbundes in das Leben der Menschen außerhalb der Burg einwirkt. In der lebendigen Sprache des Märchens wird der bisher erlebte Kampf zwischen Gut und Böse zusammengefaßt.

Die zweiten Auftritte, die mittleren der vier Bilder, stellen sich folgendermaßen dar: Im 6. Bilde schauen wir in die Seele des Juden Simon, der von außen durch die christlichen Bauern verfolgt wird, dabei aber, in Wahlverwandtschaft mit dem Ritterbunde, ein reiches Innenleben ausreift, das er als Arzt auch nach außen hin segensvoll wirksam werden läßt. Die Einsamkeit seiner Seele ist zugleich von Glück und Tragik erfüllt. Was wir so von der Seele des Simon erfahren, wird im 7. Bilde seelisch nach außen getragen in der Kampfansage zwischen dem Ritter und dem Mönch. Im 8. Bilde schildert Simon den Krieg, der in seiner eigenen Seele stattfindet: auf der einen Seite steht für ihn die Naturwissenschaft, auf der anderen das innere Christus-Erlebnis. Beides besteht in unversöhnlicher Feindschaft. Im 9. Bilde finden wir zwei Auftritte in der Mitte des Bildes. Zunächst sehen wir den Aufbruch der Bauern zum

Kampf. Mehr als vorher sind sie hin- und hergerissen zwischen Kirche und Ritterbund. Zugleich hören wir von dem Zwiespalt in der Seele des 6. Bauern nun zwischen ihm, dem Kirchengläubigen, und dem Mönch. Wir erfahren auch von der Ausbildung der Intelligenz ohne Moral, als Wirkung des Ritterbundes auf diesen Menschen. Der zweite, mittlere Auftritt ist der Monolog des Mönches. Wir sehen in ihm den inneren Kampf zwischen Erkenntnisinhalt und seelischem, moralischem Schulungsweg.

Die vier jeweils letzten Auftritte der vier Bilder zeigen Geisteskämpfe: Zuerst sehen wir Thomas in einem Geisteskampf zwischen Vater und Mönch, zwischen Ritterbund und Kirche hineingestellt. Dann erfahren wir von dem Geisteskampfe des Mönches, der durch den Geist des Benedictus in die Auseinandersetzung zwischen Kirche und Ritterbund hineingestellt wird. Ahriman und Lucifer suchen diesen Geisteskampf zu vernebeln. In das Wesen geistiger Erkenntnis überhaupt führt uns der 2. Zeremonienmeister im Gespräch mit dem 1. Zeremonienmeister ein. Die geistige Auseinandersetzung zwischen Erkenntnisweg und Willensschulung wird uns faßbar, wird innerlich verständlich. Der letzte Auftritt zwischen Cäcilia und Thomas steigert diese geistige Auseinandersetzung zwischen Kirche und Ritterbund zu der Auseinandersetzung zwischen Kopf und Herz. Der gesamte Erlebnisweg der Rückschau mündet gleichsam in den Ruf, daß sich Gedanke gegen Gedanke stellt. Damit werden wir künstlerisch auf geheimnisvolle Weise dem Erwachen zum Tagesbewußtsein entgegengeführt. – Wenn wir so den inneren Aufbau der Rückschau nachempfinden, so zeigt sich deutlich, wie der Weg aus mehr äußeren Anschauungen hin zur inneren Intimität, zum immer mehr und mehr innerlich Erfaßbaren führt. Aus bloßem Anschauen wird immer mehr ein inneres Begreifen, ein Durchlichten in innere Erkenntnis. Der Schauende und der Zuschauer gleichsam als Mitschauender werden durch vier Schichten des Erlebens geführt: die mehr leiblichen Anschauungen beleben sich zu innerer Bewegung, um dann seelisch fühlbar, erfaßbar zu werden; und endlich werden sie dem Ich erfaßbar in dem Mann des Märchens, der den Gedanken ahnt, in dem Selbstgespräch des 6. Bauern und des Mönches, in dem Erwachen des Thomas zum Kampf von Gedanke mit Gedanke. Unser gesamtes Menschenwesen ist von den Erlebnissen der Rückschau vollkommen durchdrungen, durchtränkt. Der künstlerische Aufbau zeigt uns tiefer als der bloße Inhalt, wie sich die Substanz des Geschauten vollendet hat und zum Erwachen im Tagesbewußtsein hindrängt. Ein neues Sein wird gefordert, nachdem das Erlebte sich abgeschlossen hat. Das Drama nur inhaltlich erleben, heißt, es nur zur Hälfte erleben. Es heißt in der Sprache dieser Szenen, nur intellektuell und nicht mit Gemüt und Wille das Drama durchlebt zu haben. Auch hier führen Gemüt und Wille in ihrem Auffassen des «Wie» zu einem tieferen «Was», als das bloß intellektuelle Anschauen zu fassen vermag.

Das 10. Bild zeigt uns dieselbe Landschaft wie das 5. Bild. Wir finden Capesius alleine. In seinem Monologe erleben wir sein Zurückerwachen in die Sinneswelt mit. Dieses Erwachen geschieht, indem Capesius sich rückwärts wandernd des Erlebten schrittweise erinnert. Der Monolog beginnt also jetzt im Moment des Zusichkommens aus der Rückschau und endet vor dem Beginn des Schauens, beim Eintauchen in die geistige Rückschau. Der Monolog gliedert sich deutlich in sieben Schritte. Zuerst wird das Erwachen in der Sinneswelt, in der landschaftlichen Umgebung mit dem Haus der Baldes geschildert. Aber dieses Erwachen ist zunächst nur ein ganz dumpfes. Die Sinneswirklichkeit wird wie eine schwere Last von Capesius empfunden. Die Last wirkt bedrückend nach den Erlebnissen der geistigen Welt. Er verläßt das Bewußtsein dieser Sinneswelt wieder, indem er rückwärts wandert. Nun schildert er die Sehnsucht, die gleichsam den Seelenstoff gewoben hat, aus denen die Bilder der Rückschau erstanden sind. Aber es ist eine Sehnsucht elementarster Gewalt. Er nennt sie einen Sehnsuchtsschrecken. Dieser Seelendurst nach übersinnlichen Bildern, diese Sehnsucht ist also das letzte, was vor dem Erwachen in seiner Seele lebte. In dem vorausgehenden Zustand, also dem dritten Schritt, spricht er den Ruf aus, den wir aus dem ersten Drama schon kennen:

«O Mensch, erkenne dich in deiner Welt.»

Das gesamte Wirken, Weben, Bewegen und Kraften der geistigen Welt, aus der heraus sich die Bilder seiner Rückschau erschaffen haben, strömt zusammen in dem Erkenntnisruf, dem «Erkenne dich selbst». Der vierte Abschnitt des Monologes schildert die eigentliche Rückschau. Während zu Beginn des Monologes das Erleben der Sinneswelt wie ein Alptraum lastet, dumpf und ohne wirkliches Bewußtsein, während die Sehnsucht ihn fortreißt wie ein elementarer Strom, hin zu der Bilderwelt, während Capesius sich im dritten Abschnitt mit seiner Seele zum Weltall erweitert fühlt, hinausgerissen in den Kosmos mit seiner Seele, und der Ruf nach Selbsterkenntnis überwältigend auf ihn zurückstürmt, befindet er sich in dieser mittleren Phase seines Schauens in vollkommener Besonnenheit. Was er sieht, kann er klar und deutlich in allen Einzelheiten erkennen. Sein Erinnern ist klar, kalt und ohne eine Wirkung des Gefühles. Er kann auch in der Erinnerung deutlich die Zusammenhänge des damaligen mit dem jetzigen Leben erfassen. Er erkennt in den Persönlichkeiten des Mittelalters die Persönlichkeiten seiner Gegenwart wieder. Und auf diesem Wege erfährt auch der Zuschauer diesen Zusammenhang. Der fünfte Abschnitt schildert den «langen Augenblick», den er vor dem Schauen dieser Rückschaubilder durchlebt hat. Das gesamte Bilderweben fühlt er sich in seine eigene Seele ergießen. Befreit von den Schranken der Sinneswelt, erlebt er sich zum Weltall erweitert und von Seligkeit ergriffen: Ein Zustand völliger Leibfreiheit, ein Aufgehen im Geistigen. Der sechste Zustand ist die Erinnerung an die Landschaft mit dem Haus der Baldes, der Ausgangssituation für sein Schauen. Aber er erlebt diese Sinneswelt nicht einfach so, wie das Tagesbewußtsein sie erlebt. Sondern er hat sie so erlebt, wie wenn sie aus Weltgedankenkraft sich verdichtet. Er erlebt die Sinneswelt, wie sie aus der Lebenswelt, aus der Gedankenwelt kosmischer Art sich bildet. Der siebte Schritt führt einen Zustand herbei – es ist dies in Wirklichkeit also der Anfang seines Schauens –, durch den sich alles übersinnlich Geschaute wie ein Nebel vor die Sinneswelt legt, wie ein Alp. Dabei wendet das Geschaute aber seine Kraft in die Tiefen seiner Seele, ins Nicht-Anschaubare, ins Nicht-bewußt-Erfaßbare. Das gesamte Erlebnis wühlt in den Tiefen seiner Seele. Was also in der mittleren Phase kalt und ohne Fühlen sich geoffenbart hat, das wird jetzt gleichsam herabgedämpft zum Nebel für die Wahrnehmung und wird zugleich ein Sturm im Innern der Seele, voll das tiefste Gefühl ergreifend.

Wollen wir also der Seele des Capesius in der richtigen Reihenfolge nacherleben, was er jetzt rückwärts gehend in seine Erinnerung gerufen hat, so stellt sich der Weg folgendermaßen dar: Vor die Sinneswelt der Landschaft webt sich wie ein Seelennebel eine übersinnliche Bilderwelt, die wie ein Alp auf seine Seele wirkt. Sein Gefühl ist auf das heftigste ergriffen davon. Der zweite Schritt war, daß die Sinneswelt für ihn nicht mehr die Sinneswelt des Tagesbewußtseins blieb, sondern daß sie sich im Werden offenbart, aus lebendigen schöpferischen Weltgedanken sich verdichtend. Durch diesen lebendigen Strom fühlt er sich aus dem Leibe vollkommen herausgeführt, befreit von den Schranken der Sinneswelt, zum Weltall erweitert und von der Seligkeit einer rein geistigen Existenz ergriffen. Aus dieser geistigen Höhe fällt sein Blick auf die Bilderwelt der Vergangenheit seines früheren Lebens und des Lebens der mit ihm verbundenen Menschen. Danach erfühlt er die Lebensgewalten des Kosmos wie ein symphonisches Strömen, das sich versammelt in dem Erkenntnisruf. Sich dem Leben seines Leibes wieder nähernd, fühlt er den gesamten Vorgang sich als stürmische Sehnsucht, als elementarischen Durst seiner Seele nach dieser übersinnlichen Bilderwelt zusammenfassen. Und zuletzt dämmert die Sinneswelt der Landschaft wieder auf, aber dumpf, wie eine schwere Last, unwillkommen. Capesius kann nicht wirklich erwachen, wie es uns allen zuweilen nach schwerem, von Träumen erschüttertem Schlafe geschieht.

Nun erklingt die Stimme des geistigen Gewissens. In sieben Sätzen spricht sie zu der Seele des Capesius. Wie spricht diese Stimme zu ihm? Capesius erinnert sich im Monologe der Vorgänge, indem er rückwärts durch die Erlebnisse schreitet. Wir haben eben diesen Weg in seiner wirklichen Reihenfolge begangen. Das tut auch die Stimme des Gewissens. Sie wendet das rückschauend Erinnerte wieder in die Vorwärtsbewegung des wirklich Erlebten.

Erfühle, was du geschaut,
Erlebe, was du getan.
Du bist dem Sein nun neu erstanden. –
Du hast geträumt dein Leben.
Erwirk' es dir
Aus edlem Geisteslicht;
Erkenne Daseinswerk
Mit Seelenblickeskraft.
Vermagst du dieses nicht,
Bist wesenlosem Nichts
In Ewigkeit verbunden.

Die Stimme des Gewissens ruft Capesius auf, das Erlebte mit seinem gegenwärtigen Ich zu verbinden. Aus Vergangenheit und Gegenwart ein neues Sein zu schaffen. Dazu muß er das nur Gefühlte mit dem ohne Gefühl Geschauten verbinden. Was er getan hat, muß seinem Leben so einverwoben werden, wie die Sinneswelt aus Weltgedankenkraft sich verdichtet hat. Das rein geistige Erlebnis der Seligkeit hat ihn aus altem Sein zu neuem Sein erstehen lassen. Was er geschaut hat, bleibt zunächst nur ein Traum. Er muß es mit der Selbsterkenntnis verbinden und mit dem Licht seines Geistes erst voll durchdringen. Die Sehnsucht nach der Bilderwelt muß sich klären zu Seelenblickeskraft, damit die Taten der Vergangenheit mit seinem gegenwärtigen Dasein verbunden werden können. Gelingt dieses Durchdringen des Geschauten nicht, dann bleibt seine Seele in der Maja der bloßen Sinneswelt gefangen, das heißt vom Nichts gefesselt, das die ewige Existenz seines Wesens und der Welt ausschließt. – Wie Capesius diese Frage beantworten wird, erfahren wir bis zum Schluß des Dramas nicht mehr. Er tritt nicht wieder auf.

Auch an dieser Szene erkennen wir, wie Erkenntnis an die Seele herantritt, und wie ihre Prüfung darin besteht zu erweisen, wie weit sie mit Herz und Willen fähig ist, das Erkannte zu neuem Leben umzubilden. Und soweit dieses Bilden Harmonie erringen wird, soweit wird es gut oder böse sein.

Die Vereinigung des vergangenen mit dem gegenwärtigen Leben zu neuem Seelensonnensein. 11., 12. und 13. Bild

Es wurde geschildert, wie Capesius sich mit den Tatsachen seines übersinnlich geschauten vergangenen Lebens auseinandersetzt. Rückschauend durchdringt er mit dem Bewußtsein die sieben Stufen des Erlebten. Zugleich dringt die Frage durch das Geistgewissen an seine Seele heran, ob er seinem gegenwärtigen Wesen das vergangene verbinden kann, um so zu einem neuen Dasein aufzusteigen. Der Kern seines Wesens, die Seelensonne, wird entweder zu einem neuen Lebenstag aufsteigen oder in Nacht, ins Nichts versinken. Wir erfahren zunächst nichts darüber, wie Capesius diese Frage beantworten wird.

Das 11. Bild führt uns in dasselbe violett getönte Meditationszimmer, in dem wir Maria und Benedictus im 2. Bilde im Gespräch fanden. Dieses Gespräch führte Maria zu tiefer Selbsterkenntnis, indem sie dort, wo sie vollkommene Selbstlosigkeit zu erblicken glaubte – in der Liebe zu Johannes –, gerade das Gegenteil erkennen mußte, nämlich das Wirken des Drachens der Selbstsucht. Sie spricht nicht einfach nur von der seelischen Qualität der Selbstsucht, sondern von dem Geist der Selbstsucht, dem Drachen. Mit dieser Selbsterkenntnis gerüstet, tritt sie vollbewußt in das Schauen ihres vergangenen Lebens ein. – Auch in der mittelalterlichen Inkarnation treffen wir wieder auf dieses Thema: es wird hier Eigenwahn genannt. Und der Mönch erkennt, daß nur in der Überwindung des Eigenwahnes der Weg zur Wahrheit frei wird. – Jetzt, im 11. Bilde, sehen wir Maria mit dem Drachen der Selbstsucht selbst, leibhaftig sich auseinandersetzen. Wir finden sie im Gespräch mit Ahriman. Was also zunächst nur innerlich, im Worte dramatisch dargestellt wurde, das tritt jetzt als Gestalt auf die Bühne. Dies geschah auch bereits in bezug auf den Doppelgänger bei Johannes. Im ersten Drama taucht er nur innerlich, in den Worten des Johannes auf. Im zweiten Drama tritt er leibhaftig vor uns hin. Dasselbe geschieht mit dem Schauen eines vergangenen Lebens im 7. Bilde des ersten Dramas, um dann sinnlich anschaubar für eine spätere Inkarnation in den mittelalterlichen Szenen vor unsere Augen zu treten.

Wovon handelt dieses Gespräch zwischen dem Menschen Maria und dem gefallenen Gotte Ahriman? Ahriman stellt das von Maria Geschaute in Frage, weil es mit dem allgemein geltenden Gesetz der Reinkarnation nicht übereinstimmt; folglich nicht Wahrheit sein kann. Etwas Ungeheuerliches geschieht hier. Ein Mensch und ein Geist, also ein junges Wesen der Evolution und ein sehr altes, reifes Wesen derselben treten in eine Art Auseinandersetzung miteinander ein, wie etwa zwei Fachgelehrte. Die Frage ist, wer die stärkeren Beweise für die Wahrheit beibringen kann. Wir haben oftmals im Gange der beiden Dramen gesehen, daß aus bloßen Gedanken wirkende Kräfte werden. Auch diese Szene ist nicht zu vergleichen mit einer nur gedanklichen Diskussion. Diese Diskussion hier zwischen Mensch und Geist wird zu einer Machtprobe der Wesenheiten, zu einer Machtprobe der Weisheit. Nur wenn wir uns zu diesem Erlebnis des dramatischen Fortgangs aufschwingen, können wir erleben, was vorgeht. Auch wir sind aufgerufen, nicht allein den intellektuellen Erkenntnisweg zu gehen im Miterleben des Dramas, sondern tief mit Gemüt und Willen in den Fortgang unterzutauchen. Das Kunstwerk dieses Dramas spricht soweit zu unserer Seele, als Gemüt und Wille seinem Inhalt offen sind.

Ahriman unterstellt Benedictus, daß er Maria, Thomasius und Capesius in den Irrtum hineingeführt habe. Das Geschaute sei Wahneswissen.

> Daß Benedictus nur aus deinem Hirn
> Die Bilder nahm und sie in frühe Zeiten setzte:
> Dies kannst du klar aus eignem Wissen finden.

Und nun behauptet Ahriman, daß das Geschaute darum nicht Wahrheit sein könne, weil es mit dem geltenden Reinkarnationsgesetz nicht übereinstimme. Maria geht ganz behutsam in diesen Kampf hinein. Sie weiß, daß Ahriman der Vater aller Täuschung ist, daß er aber auch Wahrheit spricht. Daß er dem Menschen einerseits Trug und Irrtum bringt, aber auch sichere Urteilskraft verleiht.

> Drum will ich mich dir frei entgegenstellen.
> Ergriffen hast du mich an jenem Seelenteil,
> Der wachsam stets sich selbst bewahren muß.

Also mit der größten Behutsamkeit, mit der äußersten Wachsamkeit stellt sie sich ihm frei entgegen. Was für eine mächtige dramatische Situation zwischen Mensch und gefallenem Gott! Und nun prüft der Mensch seinerseits den Geist, ob er wirklich die Wahrheit weiß:

Doch frag' ich dich, ob deiner Weisheit sich
Für alle Erdenzeiten Pforten öffnen?

Was antwortet Ahriman hierauf? Er gibt keine direkte Antwort, er antwortet ausweichend. Er verschiebt die Frage so, daß er nicht direkt antworten muß.

In keinem Geistesreiche leben Wesen,
Die sich mir feindlich dann entgegenstellen,
Wenn ich in Erdenzeiten Einlaß brauche.

Er sagt also nicht, daß er Einblick in die gesamte Menschheitsgeschichte besitzt, er sagt nur, daß nirgends Wesen sind, die ihm den Einlaß verwehren in die Geschichte der Menschheit. Maria antwortet ihm mit dem Gedanken, den wir aus den mittelalterlichen Szenen gut kennen, zuerst aus dem Munde des Großmeisters. Der Gedanke, wie das Böse mit dem Guten verwoben ist.

Die hohen Schicksalsmächte haben weise
In dir den Widersacher sich bestellt;
Du förderst alles, das du hemmen willst.

Sie tritt also mit Ahriman in den Kampf ein, indem sie ihn gleichsam im Weltall plaziert. Sie weist ihn in die Schranken. Man kann auch sagen, sie kreist ihn geistig ein. Und dadurch findet sie das Schwert, das allein ihr die Macht gibt, ihm entgegenzutreten.

Es gibt nur Ein Gebiet im Geisterland,
In dem das Schwert geschmiedet werden kann,
Vor dessen Anblick du verschwinden mußt.
Es ist das Reich, in dem die Menschenseelen
Sich aus Verstandeskräften Wissen bilden
Und dann zur Geistesweisheit umgestalten.
Und kann ich mir in diesem Augenblicke richtig
Das Wahrheitswort zum Schwerte schmieden,
So wirst du diesen Ort verlassen müssen.

Was finden wir in der Bildung dieses Schwertes wieder? Das Gleichgewicht von Erkenntnis- und Willensweg, wie wir es in dem mittelalterlichen Streben erlebt haben: Sowohl bei den Geistesrittern, wie in dem Mönche. Nun geht Maria daran, das Besondere des Geschauten mit dem Allgemeinen der Idee der Reinkarnation in Übereinstimmung zu bringen. Sie weist nämlich darauf hin, daß es im Erdenwerden Zeiten gibt, in welchen zugleich alte Kräfte sterben und neue Kräfte entstehen. Um eine solche Zeit aber handelt es sich in dem Geschauten.

In solchen Erdentagen werden Keime
In Menschenseelen sorgsam eingepflanzt,
Die lange Zeit zur vollen Reife brauchen.
Die Menschen müssen dann im nächsten Leben
Noch Eigenschaften aus dem frühern zeigen.

Der Abstand von Leben zu Leben muß also nicht zu kurz und nicht zu lang sein. Er muß nicht zu kurz sein, damit die Keime geistig ausreifen können. Er darf nicht zu lang sein, damit die Spuren dieser Keime noch in der Erdenentwicklung aufzufinden sind. Die Menschen müssen sich in gewisser Weise ähnlich geblieben sein, um das Begonnene in der richtigen Weise fortsetzen zu können.

Es werden viele Männer solcher Zeiten
In einem nächsten Leben wieder Männer;
Und viele Frauen werden Frauen wieder.
Es ist dann auch die Zeitenlänge kürzer
Als jene, die sonst zwischen Leben liegt.
Es fehlet dir für solche Zeitenwenden
Der sichre Blick. Deshalb vermagst du nicht
Ihr Werden irrtumlos zu überschauen.

Maria ist also nicht der Auffassung, daß Ahriman sie bewußt irreführt. Nein, sie beweist ihm, daß er sich irrt. Der Mensch überführt den gefallenen Gott eines Irrtums. Er korrigiert ihn. Jetzt aber geht sie noch viel weiter. Sie wird gleichsam ganz persönlich. Sie erinnert Ahriman nämlich an seine Begegnung mit ihr in der Burg der Geistesritter. Sie rückt seinen Irrtum nicht nur durch das schärfere Denken, durch den reinen Verstand zurecht, sondern sie stellt ihm auch die genaue Erinnerung der damaligen Tatsachen entgegen.

Gedenke, wie wir uns begegnet sind
Im Hause jener Geistesbrüderschaft:
Und du mit Worten sprachst, die mir den Selbstsinn
In tiefster Seele schmeichelnd lösen sollten.
Erinnerung für diese Zeit verleiht
Mir jetzt die Kraft, mich dir zu widersetzen.

Dem Drachen der Selbstsucht hält Maria sein eigenes Wirken in ihrer Seele entgegen: sie bricht die Spitze dieser Wirksamkeit, indem sie sie beim Namen nennt. Ahriman entfernt sich mit einer unwilligen Gebärde, Donner. So heißt es in der szenischen Bemerkung. Maria siegt über Ahriman, weil sie sein Wirken in sich selbst erkennt und besiegt, die Selbstsucht, den Selbstsinn, den Eigenwahn.

Er hat die Stätte so verlassen müssen,
Die Benedictus' Segen oft empfangen.
Mir aber hat sich herrlich offenbart,
Wie leicht der Irrtum Seelen kann befallen,
Die ohne Wachsamkeit dem Geistgehör
Sich öffnen und die sichren Wege meiden.
Es hat der Widersacher starke Kräfte,
Des Lebens Widersprüche zu betonen
Und so den Seelen Sicherheit zu rauben.
Er muß verstummen, wenn das Licht erscheint,
Das aus den Weisheitsquellen selber leuchtet
Und Geistesblicken Helligkeit verleiht.

Auch jetzt spricht aus ihren Worten Behutsamkeit, äußerste Wachsamkeit, Besonnenheit. Mit diesen Kräften ausgerüstet, stieg ihre Seele in die Tiefen der Vergangenheit des früheren Lebens. Mit noch größerem Glanz, in noch reinerem Licht sehen wir die Seelensonne ihres Geistes sich jetzt erheben. Der Morgen eines neuen Daseins bricht an. Der Geist der Finsternis suchte diesen Morgen zu trüben, zu verdunkeln. Desto stärker wirkt der Sieg ihres Geistes wie ein strahlender Sonnenaufgang. Wie anders muß Johannes Thomasius das übersinnlich Erlebte verarbeiten. Das 12. Bild zeigt ihn uns in demselben violett getönten Meditationszimmer wie Maria. Seine Seele ringt mit Lucifer. Lucifer durchströmt seine leidgeprüfte Seele mit der Erkenntnis, daß geistiges Wissen nur dann fruchtbar werden kann für den Menschen, wenn er die Willensreife erlangt hat, die aus dem neuen Wissen entstandenen Pflichten wirklich auf sich zu nehmen. Andernfalls tötet dieses Wissen unbewußte Kräfte, die im Leibe des Menschen wirken und seine Seele auf unbewußte Weise führen. Johannes möge auf die Krise in Capesius' Leben hinschauen, so sagt Lucifer, damit er an ihm seinen eigenen Irrweg erkenne.

Warum geht Johannes auf diese Worte ein? Der Doppelgänger hat ihm gezeigt, was in den Tiefen seiner Seele für Triebgewalten wirken. Vor der Macht dieser Gewalten, die aus den Leibeskräften wirken, erscheint ihm der geistige Mensch, welcher er durch die Einweihung geworden ist, nur wie ein leichter Seelenschatten. Lucifer vermag seinen Blick für das geistige Licht so stark zu blenden, daß Johannes an den in ihm neugeborenen Geistesmenschen den Glauben verlieren muß. Welche Rolle spielt für ihn die Gestalt, die er als seine frühere Inkarnation im Leibe des

Thomas erkannt hat? Er kann wohl den Menschen, den der Doppelgänger ihm gezeigt hat, in Zusammenhang mit dem Wesen des Thomas im Mittelalter bringen. Aber er kann diese frühere Inkarnation nicht in Zusammenhang bringen mit dem neuerstandenen Geistesmenschen. Darum beschließt er, sich zurückzuwenden zu den starken, unbewußt führenden Kräften seines leiblichen Wesens. Er flieht in den Mutterschoß der Natur zurück, wie sie in seinen Trieben wirkt, er sucht nach Lebensinhalt, wie das Weltall ihn aus den unbewußten Tiefen des Menschen erschafft, er übergibt sich dem Weltenwillen.

Wenn ich den Trieben mich ergeben werde,
Die aus den unbewußten Seelentiefen
Nach Lebensinhalt machtvoll drängen,
Dann wirkt in mir das ganze Weltenall.
Ich weiß dann nicht, was mich zum Handeln
  treibt,
Doch ist's gewiß der Weltenwille selbst,
Der mich nach seinen Zielen vorwärtslenkt.
Und er muß wissen, was das Leben soll,
Auch wenn Erkenntnis ihn nicht fassen kann.
Was er im vollen Menschenwesen schafft,
Ist Lebensreichtum, der die Seele bildet.
Ich will mich ihm ergeben und nicht weiter
Durch eitles Geistesstreben ihn ertöten.

Blindlings wirft er sich in den Arm dieser Kräfte. Ungeprüft, unbesonnen tut er dies. Und nun offenbart Lucifer ihm seine ganze herrschende Gewalt.

In diesem Weltenwillen wirke ich,
Wenn er durch Menschenseelen kraftvoll strömt.
Sie sind ein Glied an höhern Wesenheiten,
Solang sie mich nicht voll erleben konnten.
Ich mache sie zum wahren Menschen erst,
Der sich als Selbst ins Weltall fügen kann.

Wie ist es möglich, so fragt man sich wohl, daß der Eingeweihte, der Lucifer und Ahriman im Übersinnlichen hat erkennen dürfen, sich so blindlings in die Arme Lucifers wirft? Aber was liegt eigentlich zugrunde? Johannes muß in seiner neuerrungenen Geisterkenntnis eine vorzeitige Scheinblüte erkennen; auch in seinem Künstlertum muß er etwas sehen, was noch nicht die Kräfte seines *ganzen* Wesens trägt. Die Trennung von Maria muß ihn daran verzweifeln lassen, die dem Kunstwerk so nötigen wirklichen Lebenskräfte zu erlangen. Ja, gerade weil er so tief Künstler ist, muß er diese noch zu leicht befundene Erkenntnis, muß er vor allem die noch unausgereifte Künstlerfähigkeit verwerfen. Der Künstler kann wohl, wie es an Thomasius offenbar wurde, aus der geistigen Erkenntnis heraus seine schöpferischen Kräfte impulsieren, inspirieren und befeuern. Schaffen kann er aber nur aus den unbewußten Kräften, wie auch jeder andere Künstler. Das, was der Künstler im Bewußtsein erfaßt, das muß er in die tiefsten Tiefen seiner eigenen Seele hinunterwerfen, es muß ganz darin versinken und mit der Seele einswerden, wenn es zu einem wirklichen Kunstwerk werden soll. Wohl zerbricht das künstlerische Schaffen des Johannes Thomasius in diesem Augenblick, so daß es in dieser Art nie mehr zum Vorschein kommt. Aber sein Künstlertum ergreift sein ganzes Wesen und Leben und Schicksal. Er wirft sich selbst gleichsam ins Feuer seines eigenen Willens, des Weltenwillens, in dem Lucifer wirkt. Und ohne Lucifer wird kein Kunstwerk geschaffen. Wir sehen an Thomasius einerseits eine Schwäche, eine Mutlosigkeit auftauchen. Auf der andern Seite sehen wir ihn mit übermenschlichem Mute handeln. Ohne zu wissen, ob er lebend wieder aus diesem Wagnis auftauchen wird, überantwortet er sich Lucifer. Aber seine Künstlerkraft ist so tief, daß er das Vertrauen in sich fühlt, diese Prüfung seiner Seele zu bestehen. Die bisherige Erkenntnis Lucifers kann ihm nicht genügen. Er muß Lucifer fühlen und wollen, dann erst kann er hoffen, Lucifer aus den Kräften seines *ganzen* Wesens heraus zu überwinden.

> Seit lange glaubt' ich dich schon ganz zu kennen,
> Doch lebte mir im Innern nur ein Schemen,
> Den Geistesschau von dir mir vorgebildet.
> Ich muß dich fühlen, muß dich wollend leben,
> Dann kann ich künftig dich auch überwinden,
> Wenn so mein Schicksalsplan es fügen will.
> Das Geisteswissen, das ich früh erlangt,
> Es ruhe mir fortan im Seelengrunde,
> Bis meine Lebenstriebe selbst es wecken.

So allein entsteht Kunst, daß das, was im Wissen lebt, lebendig aus den unbewußten Lebensgewalten hervortreibt. Er spricht zum Schluß ein Wort aus, das so ganz und gar das Wort eines großen Künstlers ist.

> Vertrauensvoll ergeb' ich mich dem Willen,
> Der weiser als die Menschenseele ist.

So ist es zu verstehen, daß Johannes Thomasius, aufgrund

seiner Rückschau in das vergangene Leben aufs neue sich selber suchend, nun sich Lucifer anvertraut.

Das 11. und das 12. Bild hinterlassen ein merkwürdiges Gefühl. Die beiden Bilder erscheinen wie Polaritäten. Maria setzt sich mit Ahriman auseinander und besiegt ihn. Johannes ringt mit Lucifer und übergibt sich ihm. Geheimnisvoll ruft der Gang durch diese beiden Bilder im Zuschauer die nur empfundene Frage nach dem Gleichgewicht herauf. Fragt nicht die Empfindung: Warum verbirgt sich im 11. Bilde Lucifer? Wohin zieht im 12. Bilde die verborgene Wirksamkeit Ahrimans? Die beiden Bilder in ihrer entgegengesetzten Einseitigkeit lassen gleichsam einen geheimnisvollen Kontrapunkt erklingen. Sie lassen unser Gefühl nicht in Ruhe. Der dramatische Gang selbst fragt nach seinem Fortgang. Was wir als Bilder des Lebens angeschaut haben, ruft nach neuem Leben. Wenn sich die Seelensonne Marias im 11. Bilde morgendlich erhoben hat, so sehen wir die Seelensonne des Johannes in glühender Pracht untergehen in die Nacht des Weltenwillens. Wie werden sie einander wiederfinden?

Das 13. und letzte Bild führt in den Sonnentempel, die verborgene Mysterienstätte der Hierophanten. Im Sonnentempel offenbaren sich Lucifer und Ahriman. Keine andere Gestalt ist sonst anwesend. Lucifer spricht zu Ahriman:

> Als Sieger steht vor dir der Wunschgebieter, –
> Er hat die Seele sich erobern können,
> Die auch im Licht der Geistessonne
> Noch unserm Reich verwandt sich fühlen mußte.
> Ich konnte noch im rechten Augenblicke
> Den Blick ihr blenden für den Lichtesschein,
> Dem sie nur träumend sich ergeben hatte.

Lucifer steht als Sieger im Sonnentempel, weil Johannes ihm gefolgt ist. Das Licht des Geistgebietes nennt er das «Licht der Geistessonne». Auch hier ist Johannes' Seele noch Lucifer und Ahriman verwandt. Er hat sie noch nicht überwunden. Johannes kann darum das Licht der Geistessonne noch nicht wirklich erfassen. Lucifer konnte seinen Blick dafür ihm blenden. Warum? Weil Johannes sich diesem Lichte erst träumend hingegeben hatte, noch nicht voll erwacht. – Lucifer bekennt nun seinem «Kampfgenossen», daß sein Sieg auf die Länge aber ohne Erfolg bleiben wird, wenn nicht auch Ahriman siegen wird. Ahriman aber hat seinen Kampf gegen Maria verloren. Beide Kräfte sind also aneinander gebunden. Was der eine erreicht, das muß durch die Tat des anderen ergänzt werden. Was das 11. und 12. Bild uns haben fühlen lassen, das wird hier von Lucifer ausgesprochen. Ahriman antwortet:

Ungünstig meinem Wirken ist die Zeit,
Ich finde keinen Zugang zu den Seelen.

Die Rettung für die Seele des Johannes liegt also darin, daß Ahriman in diesem Augenblicke keinen Zugang zu Marias Seele finden konnte. Die Zeit war diesem Unternehmen ungünstig. Nicht der Sieg Marias bringt Ahriman zum Weichen, nicht dieser Sieg vertreibt ihn aus dem Sonnentempel. Es geschieht dies auf sehr merkwürdige Weise. Ahriman spricht es aus:

Ungünstig meinem Wirken ist die Zeit,
Ich finde keinen Zugang zu den Seelen.
Schon nahet Eine, die ich stark durchwühlte.
Noch ohne Geisteswissen ist sie hier,
Doch führt Verstandeszwang sie kräftig weiter.
So muß ich ihr an diesem Orte weichen,
Den sie bewußtlos nur betreten kann.

Ahriman verschwindet und Strader erscheint schlafend, begleitet von den drei Seelengestalten. Warum also muß Ahriman verschwinden? Weil eine schlafende Seele hereintritt, umgeben von den drei Seelenkräften Philia, Astrid und Luna. Diese Seele erscheint nicht hellsehend im Sonnentempel, sondern Verstandeszwang treibt sie kräftig voran in das Geistgebiet. Aber ohne Geisteswissen tritt sie ein. Diese beiden Tatsachen zwingen Ahriman, aus dem Sonnentempel zu verschwinden. Er scheint gleichermaßen vor der Kraft der Seele und vor einem Gesetz weichen zu müssen. Während diese Seele aber im Schlafe verweilt, wirken die drei Seelengestalten an ihr. Belebende Kräfte strömen auf Strader ein. Die Nacht seines Bewußtseins ist erfüllt von segensreichen, bildenden Kräften. Wunderbar ist der dramatische Gegensatz, wie im 4. Bilde Strader verzweiflungsvoll und tragisch um das geistige Licht ringt, ohne es erlangen zu können. Und wie hier aus dem nächtlichen Kosmos im Sonnenlicht des Tempels geistige Mächte an seiner Seele arbeiten, seinem Streben Erlösung und Erfüllung bereitend. – Philia spricht:

Ich will erfüllen mich
Mit Glaubenslichtgewalt,
Ich will eratmen mir
Vertrauenslebekraft

Aus Seelenstrebenslust:
Daß den Geistesschläfer
Das Licht erwecken kann.

Astrid:

Ich will verweben
Erhaltnes Offenbarungswort
Mit ergebner Seelenfreude.
Ich will verdichten
Die Hoffnungsstrahlen.
Es soll im Finstern leuchten,
Es soll im Lichte dämmern:
Daß den Geistesschläfer
Die Kräfte tragen können.

Luna:

Ich will erwärmen Seelenlicht
Und will erhärten Liebekraft.
Sie sollen sich erkühnen,
Sie sollen sich erlösen
Und sich erhebend
Gewicht sich geben wollen:
Daß den Geistesschläfer
Verlassen Weltenlasten
Und ihn befreien kann
Der Seele Lichteslust.

In wunderbarer Weise wird ausgesprochen, wie geistige und seelische Kräfte Straders Seele dem hellseherischen Schauen entgegenbilden.

Jetzt treten die drei Hierophanten auf: Benedictus, Theodosius und Romanus. Benedictus spricht zu seinen beiden Gefährten:

Berufen hab' ich euch, die ihr Gefährten
Mir seid im Suchen nach dem Geisteslicht,
Das zu den Menschenseelen strömen soll.
Ihr kennt der Seelensonne Wesenheit:
Sie leuchtet oft in vollster Mittagshelle
Und dringt in andern Zeiten dämmernd nur
In Seelentraumesnebel kraftlos ein.

Hier wird ausgesprochen, was durch dieses zweite Mysteriendrama hindurch dramatisiert worden ist: der Gang der Seelensonne, auf- und untergehend, im Zenit ihre volle Kraft erstrahlend und in der Nacht der Bewußtlosigkeit entschwindend. Der Tempeldiener, so sagt Benedictus, muß diese Seelensonne schauen können im Bewußtsein der Menschen, aber auch im Unbewußten der Menschen. Und so schauen die Hierophanten in die unbewußte, in die schlafende Seele Straders hinein. Sie schauen in das Weben der Seelenkräfte. Sie erkennen, wie die Rufe dieser Seelengestalten, die an die Seele ergehen, auch bald Strader selbst zum Geistgehör werden dringen können. Theodosius, der Hierophant der fühlenden Seelenkräfte, spricht das Geheimnis dieser Individualität aus. Warum konnte die Seele Straders das geistige Licht sich noch nicht erschließen?

Sie sah den Gottesgeist naturentblößt
Und gottentfremdet, was natürlich ist.
So mußte sie durch viele Erdenleben
Sich fremd dem Sinn des Daseins gegenüberstellen
Und konnte stets nur solche Leibeshüllen
Zum Werkzeug ihres Eigenwesens finden,
Die sie von Welt und Menschenwesen trennten.

Die unüberbrückbare Kluft von Religion und Naturwissenschaft haben wir in Strader im ersten Drama kennengelernt. In der mittelalterlichen Inkarnation wird dieser Kampf ebenfalls geschildert, aber viel innerlicher, innerlich schauend. Aber es wird gesagt, daß viele Erdenleben in diesem inneren Kampf zugebracht worden sind. Wir erfahren nicht, in welchem früheren Leben das zuerst aufgetreten ist. Auch in den weiteren Dramen wird das nicht aufgeklärt. Die Dramen sind ja Fragment geblieben. – Jetzt aber bereitet sich Erlösung, Harmonisierung vor.

Sie wird im Tempel sich die Kraft erwerben,
Das fremde Sein als eignes zu empfinden,
Und so sich auch die Macht gewinnen können,
Die aus Gedankenlabyrinthen führt
Und nach den Lebensquellen Wege weist.

Quellen des Lebens sollen sich dieser Seele eröffnen. Ihre Seelensonne ist in die Nacht der Leiblichkeit eingeschlossen. Sie soll aufsteigen und Lebensquellen finden. – Der Untertitel für «Die Prüfung der Seele» hieß «Lebensbild». Im Sonnentempel wird dieser Ausdruck immer wesenhafter, immer durchsichtiger. Immer mehr werden Worte und Ereignisse wirkliche Bilder des Lebens. Die Substanz des Lebens selbst durchströmt diesen Sonnentempel des zweiten Dramas.

Von Strader erkennen die Hierophanten, daß ihm nicht die Kraft, aber das Licht fehlt, um in die geistige Welt eindringen zu können. Von der Seele des Capesius sagen sie, daß ihm das Licht zuteil wurde, daß ihm aber die Kraft fehlt, die Pflichten zu erfüllen, die aus diesem Licht sich für ihn ergeben haben. Strader betritt den Sonnentempel aus eigener Kraft, aber ohne Licht des Bewußtseins. Capesius kann den Tempel nicht betreten, nicht weil ihm das Licht mangelt, sondern die Kraft. Darum spricht Romanus, der Hierophant der Willenskräfte, das Wort aus, das Capesius weiterführen kann.

Capesius soll durch des Tempels Kraft
Erkennen, wie in Einem Erdenleben
Der Mensch mit Pflichten sich beladen muß,
Die erst durch viele Lebenspilgerfahrten
In vollem Maße sich erfüllen lassen.

Eine mächtige Forderung tritt an Capesius heran. Capesius ist – wir erfahren es hier im Tempel – zusammengebrochen vor der Last seiner Schicksalsschuld und Schicksalspflicht. Er muß Ruhe des Mutes finden für viele Erdenleben. Jetzt erkennen wir die Tragik des 1. Präzeptors, der den Willensweg der Geistesbrüder nicht ergreifen konnte. Er konnte nur den Gedankeninhalt, aber nicht den Willensweg begreifen. Das führt Capesius in diesem Leben zur Krisis, zum Zusammenbrechen seiner Seelenkräfte. Darum ist das Wort des Hierophanten ein einziger Aufruf zum Mut, sich dem Willen anzuvertrauen. Dann wird ihm das Leben strömen. Hoffnung wird in seiner Seele leben können, aus Hoffnung wird ein Quell neuer Kräfte stärkend in seine Seele dringen können.

So wird er furchtlos sich gestehen können,
Daß seine Seele alter Fehler Wirkung
Noch durch die Todespforte tragen muß.
Er wird als Sieger sich bewähren können
Im Kampfe, der die Geistespforten öffnet,
Wenn er dem Wächter kühn ins Auge schaut,
Der vor des Geisterlandes Schwelle steht.
Es wird ihm dieser Hüter offenbaren,
Daß niemand zu den Lebenshöhen kommt,
Den furchtsam macht des Daseins Schicksalsbuch.

Ein merkwürdiges Wort wird hier ausgesprochen. Capesius wird nicht zum Mut gegen fremde, böse Mächte aufgerufen. Er wird zum Mut aufgerufen, sich selbst zu ertragen. Sein eigenes Schicksal soll er ertragen lernen.

Er wird sich mutvoll zu der Einsicht wenden,
Daß Selbsterkenntnis Schmerzen zeugen muß,
Für die sie selbst nicht Trosteswort kennt.

Es wird der Wille ihm Genosse werden,
Der mutig sich der Zukunft übergibt
Und, durch der Hoffnung Kräftequell gestärkt,
Erkenntnisschmerzen sich entgegenstellt.

Theodosius wird so der Führer Straders sein, Romanus derjenige des Capesius. Wie wird der Weg des Johannes sein? Benedictus spricht:

Noch andres Werk verlangt des Tempels Dienst.
Ihr seht den Wunschgebieter uns zur Seite;
Er durfte diese Weihestatt betreten,
Weil ihm Johannes' Seele öffnen konnte
Die Pforten, die ihm sonst verschlossen sind.
Der Bruder, dem wir unsre Weihe gaben,
Ihm fehlt in diesen Zeiten noch die Kraft,
Den Worten mutig Widerstand zu leisten,
Die aus den Finsternissen sich erschaffen.

Die Kraft fehlt Johannes, Lucifer Widerstand zu leisten. Darum ist seine Seele in die Finsternis der luciferischen Gewalt hinabgestiegen. Was Johannes selber fühlt, was er Lucifer antwortet, was er als Künstler und Schöpfer seines eignen Menschtums erstrebt, spricht Benedictus in zwei Zeilen aus:

Ihm werden gute Kräfte erst erstarken,
Wenn sie am Gegensatz sich recht empfinden.

Die dramatische Sprache des Sonnentempels geht immer intimer auf das Kräfteweben, das Kräftemessen, das Kräfteerhalten der Seelen ein. Lebensgesetze, Lebensströme von Seele zu Seele weben am Schicksal fort. – Was kann nun aber geschehen, daß der erworbene Geistesschatz des Johannes Thomasius behütet werden kann? Wird er der Finsternis verfallen müssen? Wer kann ihn retten? An Lucifer sich wendend, spricht Benedictus weiter:

An *dich* muß ich mich wenden, der nicht lange
Den Ort beherrschen darf, an dem er steht.
Es kann in dieser Zeit des Tempels Macht
Johannes' Seele dir noch nicht entreißen;
Doch wird sie künftig wieder unser sein,
Wenn unsrer Schwester Früchte reifen werden,
Die wir als Blüten schon erkennen können.

Mit diesen Worten erscheint Maria im Tempel. Der Hierophant erkennt in ihrer Seele Blüten des Lichtes, aus denen Früchte reifen werden. Wieder wird auf intime Weise das Element des Lebens ausgesprochen. Maria ist mit Johannes durch die zwei früheren Inkarnationen, die wir kennengelernt haben, verbunden. An der Stärke dieses Seelenbandes wird die Kraft des Wunschgebieters zerbrechen. Lucifer schleudert seinem Gegner Benedictus daraufhin die Worte entgegen:

Es mußte Benedictus' eigner Wille
Johannes' und Marias Seelen trennen.
Und wo sich Menschen voneinander sondern,
Da ist für meine Macht das Feld bereitet.
Ich forsche stets nach Seelensondersein,
Um freies Erdensein für Ewigkeiten
Von aller Weltenknechtschaft zu erlösen.
Marias Wesen hat im Mönchgewande
Die Seele von dem Vater abgewandt,
Die jetzt Johannes' Leibesform belebt.
Auch dies hat mir die Keime zubereitet,
Die ich zur Reife sicher bringen kann.

Wo Seelensondersein auftritt, wo Menschen sich voneinander sondern und trennen, da findet Lucifer Eingang. Jetzt erkennen wir, daß der Weihespruch des Ritterbundes sich gegen die Macht des Lucifer richtet. Wer den Weihespruch befolgt, sein Sondersein und Leben zu opfern, der bildet eine Burg, in deren Gemeinschaft Lucifer nicht eindringen kann. Die Trennung Marias von Johannes und die Trennung des Thomas von seinem Vater, dem 1. Präzeptor im Mittelalter, haben Lucifer die Einfallstore geöffnet, jetzt in das Leben dieser Menschen einzugreifen. – Als Maria im Geisteskampf Ahriman besiegte, lebte die empfindende Frage auf, wie wird sie sich der Kraft des Lucifer erwehren? Jetzt finden wir die Antwort. Es werden Worte gesprochen von Maria an Lucifer, durch die das Leben gerettet werden kann, mit deren Hilfe das Leben gemeistert und geheilt werden wird.

Es gibt im Menschenwesen Liebequellen,
Zu denen deine Macht nicht dringen kann.
Sie öffnen sich, wenn alte Lebensfehler,
Die unbewußt der Mensch auf sich geladen,
In spätern Erdenleben mit dem Geist
Geschaut und durch den freien Opferwillen
In Lebenstaten umgewandelt werden,
Die wahrem Menschenheile Früchte bringen.

Wie also kann das durch Schuld verletzte Leben geheilt werden? Durch Leben und Taten, die in freiem Willen, in selbstgewolltem Opfer aus der Erkenntnis alter Schuld fließen. Und solches Tun, solche das Leben verwandelnde

Taten öffnen Quellen der Liebe, an die Lucifer nicht herandringen kann. Wie will Maria diese Liebe wirksam werden lassen? Sie hat geschaut, wie sie als Mönch die Seele des Thomas dem Vater, dem 1. Präzeptor, entfremdet hat. Sie hat auch die Mächte geschaut, die dies bewirkt haben: Lucifer und Ahriman, das Weisheitsgut der Kirche gegen die Weisheit des Ritterordens stellend. Die Folgen dieser Schuld erkennt Maria in den Schmerzen wieder, die sie tragen mußte, als sie sich von Johannes trennen sollte. Wie wird sie nun diese Schuld sühnen?

Gehen wir die Erlebnisse durch, die vom Anfang des Dramas an als gute und böse Kräfte uns erlebbar geworden sind, ausgesprochen dann zum ersten Mal in den Worten des Großmeisters zu Beginn des 7. Bildes, so fühlen wir, in wie wunderbarer, verinnerlichter und durchlichteter Art diese Worte nun aus Marias Munde erklingen. Aber jetzt bedeuten diese Worte Ordnung des Schicksals, unmittelbare Heilung der verworrenen Schicksalswege, Kräfte der Rettung bereitend.

Wenn meine Seele Treue halten kann
Dem Licht, das ihr die Geistesmächte spenden,
Wird sie sich Kräfte schaffen durch die Dienste,
Die sie Capesius vermag zu leisten
Auf seiner schweren Lebenspilgerfahrt.
Sie wird mit Kräften, die sie so erwirbt,
Gewiß Johannes' Stern auch dann erschauen,
Wenn er, von Wunschesfesseln abgelenkt,
Den Weg nicht wandelt, den das Licht bestrahlt.

Wie also werden die Früchte aussehen müssen, die aus der Blüte der jetzigen Erkenntnis Marias hervorgehen werden? Indem sie Capesius dient – eine alte Schuld so sühnend – erwirbt sie Kräfte, durch die sie Johannes auch in die Finsternis hinab folgen kann, um so den Geistesschatz des Johannes, der in Gefahr ist, vernichtet zu werden, retten zu können. Wie wunderbar bewahrheitet sich das Wort des Großmeisters, daß das Böse nur den Widerstand bildet, an dem das Gute seine Kräfte ausbilden kann. An der Schuld werden Kräfte gebildet, die zur heilvollen Ausbildung des gesamten Schicksalsgewebes führen.

Erkennen wird sie aus der Geistesschau,
Die sie geführt in ferne Erdentage,
Wie sie gestalten soll die Seelenbande
In *dieser* Zeit, so daß die Lebenskräfte,

Die aus der Dumpfheit sich bereitet haben,
Im Sinn des Menschenheiles weiterwirken.

Lebenskräfte des vergangenen Lebens werden umgewandelt in Lebenskräfte des gegenwärtigen Daseins. Wir sehen die Entelechie des Menschen, das ewige Ich, wie sie sich selbst strömend ihr Leben bildet von Inkarnation zu Inkarnation. – Nun spricht Benedictus das alte Wort, das wir im ersten Drama mehrmals gehört haben:

Es formte sich in alten Erdentagen
Ein Knoten aus den Fäden,
Die Karma spinnt im Weltenwerden.
Ihm sind verwoben dreier Menschen Leben.
Es strahlet jetzt auf diesen Schicksalsknoten
Der Weihestätte hohes Geisteslicht.

Das Licht der Geistessonne strahlt im Tempel auf das Schicksalsgewebe des Capesius, des Johannes und der Maria. Nur Maria ist bewußt anwesend. Wach in Geist und Seele ist sie am Orte, zum Opfer bereit. Das Opfer wird darin bestehen, das Licht der Geistessonne des Tempels als Quelle des Lebens wirksam zu machen:

Es möge dieses Licht in deinem Selbst
Die Kräfte heilerschaffend weiter wirken,
Die deine Lebensfäden einst den andern
Zum Lebensknoten fest verbunden haben.

Wie der 1. Präzeptor das Herz seines Sohnes Thomas damals nicht finden konnte, so wird er zum Ausgleich nun als Capesius den Geistesweg des Johannes begleiten. Das wird Inhalt des folgenden Dramas sein. Maria aber bleibt die Pflicht, Johannes dem Licht zu erhalten. Auch dieser Kampf durchzieht das folgende Drama. Das Drama endet mit den mächtigen Worten des Benedictus, die das Lebensgesetz der zum Geist erwachten Entelechie des Menschen aussprechen. Geistessonne über sich waltend, Seelensonne in sich wirkend, im Strome des Lebens fortschreitend aus der Zeit in die Ewigkeit, so wird das Bild der ewigen Ichheit in den folgenden Worten ausgesprochen.

Denn lebend dringt durch Licht und Finsternis
Ein Wesen, welches Geisteshöhen durfte
Aus eignen Seelentiefen wissend schauen.
Es hat geatmet aus den Weltenfernen
Die Luft, die für die Ewigkeit belebt – –
Und lebend alles Menschensein erhebt
Aus Seelengründen zu den Sonnenhöhen. – –

Das erste Mysteriendrama «Die Pforte der Einweihung»

dramatisierte den Weg des Ich zum Geist durch eine Komposition der Spiegelung von Licht und Liebe. Das zweite Drama «Die Prüfung der Seele» läßt Lebensbilder auseinander hervorströmen, die sich um eine Symmetrieachse symmetrisch-asymmetrisch herumweben. In diesem Weben offenbart sich das Ich im Kräfteströmen des Lebens. Das lebt im Siegel, das sich auf der Titelseite des Dramas findet. In der Mitte findet sich ein Pentagramm. Fünf aufeinander treffende Strömungen, die sich zum Stern bilden. Es ist die Gestalt des Menschen in ihrer Fünfheit: Kopf, Arme, Beine. In fünffacher Weise ist dieser Stern umgeben von Formen, die wir aus der schematischen Skizze zur Komposition des Dramas kennen. Eine innere Form, die sich in der Mitte nach außen richtet, verwebt sich spiralenhaft mit einer äußeren Form, die nach innen blickt. Seelensonnenkräfte, atmend verwoben mit Geistessonnenmächten, bilden von innen und außen die menschliche Gestalt in ihrem Schicksalsfortgang, in ihrem ichhaften Streben. So finden wir den Gehalt des Dramas in wunderbarer künstlerischer Gestaltung in diesem Siegel zusammengefaßt. Wir sehen, wie das Einzelleben sich aus der Gemeinschaft mit den übrigen Menschen strömend bildet. Wir sehen aber auch, wie der einzelne Mensch sich in der Gemeinschaft ausprägt, ihr Zusammenwirken störend und fördernd und so sein Schicksal webt. Das erste Drama hat uns die Lichtgestalt des ewigen Menschen gewiesen. Das zweite führte uns in das lebendige Bild derselben hinein.

Literaturhinweis

Dem besonderen Charakter dieser Einführung entsprechend werden im folgenden ausschließlich ausgewählte Schriften und Vorträge *Rudolf Steiners* **genannt.**

Vier Mysteriendramen. GA 14, 4. Aufl. Dornach 1981.
Taschenbuchausgabe in zwei Bänden:
Mysteriendramen I: Die Pforte der Einweihung/Die Prüfung der Seele. Dornach 1982 (TB 607).
Mysteriendramen II: Der Hüter der Schwelle/Der Seelen Erwachen. Dornach 1983 (TB 608).
Sonderausgaben aus den Mysteriendramen: *Vier Märchen aus den Mysteriendramen*: Das Märchen vom Quellenwunder – Woher kommt das Böse? – Das Märchen von der Phantasie – Das Märchen vom Lieben und Hassen und vom «Klugen Verstand». Dornach 1982.
Ägyptische Szene aus dem Mysteriendrama «Der Seelen Erwachen». Dornach 1968.
Entwürfe, Fragmente und Paralipomena zu den Vier Mysteriendramen. GA 44. Dornach 1969.
Über die Mysteriendramen «Die Pforte der Einweihung» und «Die Prüfung der Seele». Drei Vorträge, Basel 17.9.1910, Berlin, 31.10.1910 und 19.12.1911. (Aus: GA 125 und GA 127.) Dornach 1982.
Die Geheimnisse der biblischen Schöpfungsgeschichte. Elf Vorträge, München, 18. bis 28.8.1911. GA 122. 5. Aufl. Dornach 1976.
Weltenwunder, Seelenprüfungen und Geistesoffenbarungen. Elf Vorträge, München, 18. bis 28.8.1911. GA 129, 5. Aufl. Dornach 1977.
Von der Initiation. Von Ewigkeit und Augenblick. Von Geisteslicht und Lebensdunkel. Acht Vorträge, München, 25. bis 31.8.1912. GA 138, 3., erw. Aufl. Dornach 1959.
Die Geheimnisse der Schwelle. Acht Vorträge, München, 24. bis 31.8.1913. GA 147, 5. Aufl. Dornach 1982.
Die Geheimwissenschaft im Umriß. GA 13, 26. Aufl. Dornach 1977. (Taschenbuchausgabe: TB 601.)
Die geistige Führung des Menschen und der Menschheit. GA 15, 9. Aufl. Dornach 1974. (Taschenbuchausgabe: TB 614.)
Ein Weg zur Selbsterkenntnis des Menschen. GA 16, 6. Aufl. Dornach 1968. (Taschenbuchausgabe: TB 602.)
Die Schwelle der geistigen Welt. GA 17, 6. Aufl. Dornach 1972. (Taschenbuchausgabe: TB 602.)